Margret Kraul · Hans Merkens · Rudolf Tippelt (Hrsg.)

Datenreport Erziehungswissenschaft 2006

Schriftenreihe der DGfE

Margret Kraul · Hans Merkens
Rudolf Tippelt (Hrsg.)

Datenreport Erziehungswissenschaft 2006

VS VERLAG FÜR SOZIALWISSENSCHAFTEN

Bibliografische Information Der Deutschen Bibliothek
Die Deutsche Bibliothek verzeichnet diese Publikation in der Deutschen Nationalbibliografie;
detaillierte bibliografische Daten sind im Internet über <http://dnb.ddb.de> abrufbar.

1. Auflage April 2006

Alle Rechte vorbehalten
© VS Verlag für Sozialwissenschaften | GWV Fachverlage GmbH, Wiesbaden 2006

Lektorat: Monika Mülhausen

Der VS Verlag für Sozialwissenschaften ist ein Unternehmen von Springer Science+Business Media.
www.vs-verlag.de

Das Werk einschließlich aller seiner Teile ist urheberrechtlich geschützt. Jede Verwertung außerhalb der engen Grenzen des Urheberrechtsgesetzes ist ohne Zustimmung des Verlags unzulässig und strafbar. Das gilt insbesondere für Vervielfältigungen, Übersetzungen, Mikroverfilmungen und die Einspeicherung und Verarbeitung in elektronischen Systemen.

Die Wiedergabe von Gebrauchsnamen, Handelsnamen, Warenbezeichnungen usw. in diesem Werk berechtigt auch ohne besondere Kennzeichnung nicht zu der Annahme, dass solche Namen im Sinne der Warenzeichen- und Markenschutz-Gesetzgebung als frei zu betrachten wären und daher von jedermann benutzt werden dürften.

Umschlaggestaltung: KünkelLopka Medienentwicklung, Heidelberg
Druck und buchbinderische Verarbeitung: MercedesDruck, Berlin
Gedruckt auf säurefreiem und chlorfrei gebleichtem Papier
Printed in Germany

ISBN-10 3-531-15081-2
ISBN-13 978-3-531-15081-9

Inhalt

Vorwort 7

Hans Merkens
Einleitung 9

Cathleen Grunert, Susann Rasch
Gestufte erziehungswissenschaftliche Hochschulausbildung
im internationalen Vergleich 15

Rosalind M. O. Pritchard
Erziehungswissenschaften auf dem Weg zur Globalisierung:
Hochschullehrer und Studenten im Vergleich zwischen
Großbritannien und Deutschland 41

Margret Kraul
Drittmittelgeförderte Projekte in der Erziehungswissenschaft 67

Rudolf Tippelt, Bernhard Schmidt
Zur beruflichen Weiterbildungs- und Erwachsenenbildungsforschung:
Forschungsthemen und Trends 81

Peter Faulstich, Gernot Graeßner
Riskante Flexibilität –
Situation und Perspektiven des Hauptfachs Erziehungs- und
Bildungswissenschaft: Schwerpunkt Erwachsenenbildung 101

Katrin Kaufmann, Hans Merkens
Professuren im Fach Erziehungswissenschaft –
Denomination und Anzahl im Herbst 2005 111

Alexander Botte
Portale, Datenbanken, Kommunikationsdienste:
Die Informationsinfrastruktur der Erziehungswissenschaft 129

Verzeichnis der Autoren 151

Vorwort

Die DGfE veröffentlicht seit 2000 im zweijährigen Turnus jeweils zum Datum des Kongresses einen Datenreport. Ziel des Datenreports ist es, die Situation im Fach Erziehungswissenschaft darzustellen. Die Datenreporte sollen nicht vorhandene Rankings, die von verschiedenster Seite mit unterschiedlichen Fragestellungen bzw. Schwerpunkten erstellt und veröffentlicht werden, ergänzen oder korrigieren. Vielmehr wird angestrebt, eine Berichterstattung über das Fach und Entwicklungen des Faches über die Zeit zu gewährleisten. Bisher sind im ersten und im dritten Datenreport eher die großen Linien in der Entwicklung des Faches verfolgt worden, d.h. Absolventenzahlen, die Frage des Übertritts in den Beruf, Studiengänge und Studienorte sind dokumentiert worden. Im zweiten Datenreport sind im Unterschied dazu spezifischere Themen aufgegriffen worden. Der nunmehr vorgelegte vierte Datenreport schließt von Gestaltung und Inhalt her eher an den zweiten Datenreport an, greift aber zusätzlich einen Impuls auf, der im dritten Datenreport vertreten war, den Blick über die Grenzen. Indem Entwicklungen in Großbritannien und teilweise den USA einbezogen werden, wird ein neues Bezugssystem in die Bilanzierungen einbezogen.

Datenreporte sind von der Themenwahl und von ihrer Gestaltung her mit Notwendigkeit selektiv. Es kann beispielsweise nur über Tatbestände informiert werden, für die sich auch Daten gewinnen lassen. Viele Entwicklungen im Fach, deren Darstellung wünschenswert wäre, lassen sich in Datenreporten – zumindest bisher – nicht angemessen präsentieren. Dennoch haben Datenreporte einen eigenen Wert, weil sie ein Versuch sind, die Situation eines Faches von innen her zu beschreiben. Diese Innenperspektive ist wiederum mit Notwendigkeit parteiisch. Deshalb kann sie – wie bereits oben vermerkt – nicht in Konkurrenz zu Fremdevaluationen treten. Die parteiische Sicht hat auch Vorteile, weil sie gegenüber Veränderungen im Fach wahrscheinlich sensibler reagiert, als das in einer Außenperspektive der Fall sein kann. So gelingt es in einer Zeit, in der viele Umbrüche die Situation an den Universitäten kennzeichnen und neue Entwicklungen in den einzelnen Fächern zu registrieren sind, Informationen darüber zu liefern, wie sich dieser Prozess des Wandels in der Erziehungswissenschaft vollzieht. Das geschieht, um es noch einmal zu wiederholen, nicht im Sinne einer Evaluation, sondern in Form des dokumentierenden Berichtes. Darin ist aus der Sicht der DGfE die Funktion des Datenreports zu sehen.

Berlin, im Januar 2006 Prof. Dr. Hans Merkens
Vorsitzender der DGfE

Einleitung

Hans Merkens

Auch der Datenreport des Jahres 2006 liefert eine aktuelle Analyse zur Lage der Erziehungsgesellschaft. Dabei interessiert in diesem Datenreport aber weniger als im Datenreport des Jahres 2004 die Position der Erziehungswissenschaft innerhalb des Wissenschaftssystems. Vielmehr werden bestimmte Entwicklungen der Erziehungswissenschaft im nationalen Vergleich und im Bezug auf andere Länder (Großbritannien und die USA) dargestellt. Es gilt jedoch auch für die internationalen Vergleiche, dass der Referenzpunkt im Wesentlichen die Erziehungswissenschaft ist. In den Vergleichen mit den anderen Ländern geht es einerseits darum, die sich auch in Deutschland nunmehr abzeichnende Neustrukturierung der Studiengänge in Richtung Bachelor und Master (BA/MA) in ihren Besonderheiten und auch allgemeinen Aspekten durch Bezugnahme auf zwei andere Länder darzustellen, in denen die BA/MA-Struktur bereits vor dem Beginn des Bologna-Prozesses eingeführt worden war und die als Vorbild für eben den Bologna-Prozess gedient haben. Ein besonderer Aspekt der deutschen Situation ist in diesem Umfeld, dass die Lehre an den Fachhochschulen mit der Lehre an den wissenschaftlichen Hochschulen in eine direkte Konkurrenz tritt, weil gleiche Abschlüsse an beiden Typen von Hochschulen erworben werden können. Interessanterweise war diese Entwicklung auch in Deutschland an Hochschulen in bestimmten Rankings (z.B. der BWL) bereits vorweg genommen, wenn z.B. Personalchefs Auskunft darüber gaben, welche Hochschule bzw. Fachhochschule für ihre Zwecke besser ausbildete. In diesen Rankings gab es sehr erfolgreiche Fachhochschulen, die viele Universitäten hinter sich ließen.

Gerade im Bereich der Lehre zeichnet sich via Studien- und Prüfungsordnungen eine Entwicklung ab, die in Deutschland traditionell gepflegte Unterscheidungen zwischen Fachhochschule und wissenschaftlicher Hochschule in der Lehre obsolet werden lässt. Dabei wird in dem Beitrag von *Grunert* und *Rasch* in diesem Band zusätzlich eine Entwicklung dokumentiert, die vordergründige Annahmen des Typs, dass an Fachhochschulen in erster Linie BA-Studiengänge und in wissenschaftlichen Hochschulen in erster Linie MA-Studiengänge angeboten werden, als ersichtlich falsch erkennen lässt. Offensichtlich ist das Interesse der Fachhochschulen an der Einrichtung von MA-Studiengängen sehr viel größer als das an der Einrichtung von BA-Studiengängen. Hier zeichnet sich – nur bezogen auf die Lehre – eine Veränderung ab, die zukünftig Beachtung verdienen wird. In Großbritannien und in den USA hat es eine vergleichbare Unterscheidung zwischen verschiedenen Hochschultypen (FH, wissenschaftliche Hochschule) nicht gegeben. In diesen Ländern herrscht ein anderes Prinzip vor, dass bei gleicher Struktur der Ausbildung die Differenz zwischen den einzelnen Hochschulen ein entscheidender Faktor ist. Diese Differenz wird einerseits über die Exzellenz der Lehre und andererseits über die Nachfrage nach Studienabgängern erzeugt. Auf diese Weise erhält Lehre ein anderes Gewicht als in den traditionellen Studiengängen in Deutschland, in denen zumindest in der Ideologie des Numerus Clausus eine Äquivalenz der unterschiedlichen Studienorte gegeben sein musste.

Die Frage, wie weit sich unter dem Aspekt der Globalisierung nationale Besonderheiten noch fortführen lassen, wird in dem Beitrag von *Pritchard* gestellt, die eine Befragung von Studierenden und Hochschullehrern in Großbritannien und Deutschland durchgeführt hat. Die Untersuchung ist nicht repräsentativ, aber sie lässt durch die Kombination von quantitativen und qualitativen Methoden doch Einsichten in nationale Differenzen und in Ähnlichkeiten erkennen. Bei den Studierenden fällt beispielsweise auf, dass britische Studierende – wenn man dem Urteil der Befragten folgt – positiver gegenüber dem Studium und in ihrer Loyalität zur jeweiligen Universität eingestellt sind. Auch scheinen sie ein stärkeres Interesse für Forschung und Weiterbildung zu haben. Interessant ist sicher auch, dass deutsche Lehrende sich weniger entfremdet fühlen als ihre britischen Kollegen. Die Frage nach der Einheit und der Differenz wird also im vorliegenden Beitrag eher im Sinne der Differenz beantwortet. Angesichts der heute üblichen Form, mittels Indikatoren der OECD abstrakte, internationale Vergleiche anzustellen, verschafft der Beitrag interessante Einsichten in die beiden Hochschulsysteme. Dabei ist von besonderer Bedeutung, dass eher im Sinne der Differenz als der Ähnlichkeit argumentiert wird.

Die anderen Beiträge zu diesem Datenreport sind spezifischeren Fragen gewidmet. Dabei lassen sich als Schwerpunkte Probleme der Lehre und Probleme der Forschung unterscheiden.

Mit dem Beitrag von *Grunert* und *Rasch* wird zumindest indirekt die Komponente der Lehre in ihrer Relation zur Forschung aufgewertet. Zur Forschungssituation der Erziehungswissenschaft sind bereits in den vorangegangenen Datenreports verschiedene Beiträge erschienen. Der Datenreport des Jahres 2004 hat hier einen Schwerpunkt. Zunächst hat *Kraul* die Befragung der erziehungswissenschaftlichen Fachbereiche und Institute aus dem Jahr 2004 wiederholt. Dabei gelingt es einerseits neue Entwicklungen darzustellen, z.B. die rasante Zunahme von Projekten, die der Bildungsforschung zugeordnet werden und zusätzlich die rasante Zunahme von Projekten aus dem Bereich der Erwachsenenbildung, die durch Rückgänge in anderen Bereichen (historische Bildungsforschung, interkulturelle Pädagogik) begleitet werden. Gleichzeitig wird in diesem Beitrag deutlich, und das bestätigt die Analyse aus dem Jahr 2004, wie wichtig die DFG als Drittmittelgeber ist (Anzahl der Projekte) und wie wichtig die verschiedenen Bundesministerien, vor allem aber das BMBF, als Drittmittelgeber sind (Höhe der bewilligten Summen). Indirekt – und das ist ein Aspekt, der sonst in diesem Datenreport nicht näher beleuchtet wird – wird die zunehmende Bedeutung der drittmittelbasierten Forschung für Nachwuchsstellen in der Erziehungswissenschaft ersichtlich. Neben allen Veränderungen zeichnet sich aber auch eine Stabilisierung der Tendenz ab, dass die Drittmittelaktivität insgesamt leicht zunimmt.

Eine Ergänzung der Forschungsberichterstattung ist der Beitrag von *Tippelt* und *Schmidt*, in dem ein Gebiet gesondert behandelt wird, dem gegenwärtig zunehmende Bedeutung zukommt: die berufliche Weiterbildungs- und Erwachsenenbildungsforschung. Schon der Bericht von Kraul enthielt Hinweise darauf, dass in diesem Sektor deutlich mehr Projekte angesiedelt sind als im Vorgängerbericht. Schmidt und Tippelt zeigen nun auf der Basis der Datenbanken des Instituts für Arbeitsmarkt- und Berufsforschung sowie des Informationszentrums Sozialwissenschaften, wie sich die berufliche Weiterbildungs- und Erwachsenenforschung in Dimensionen einteilen und vermessen lässt. Naturgemäß ist hier eine andere Datenbasis gegeben als bei Kraul, weil beispielsweise beim Informationszentrum Sozialwissenschaften nicht die Frage der Drittmittel im Vordergrund steht, sondern auch eigenfinanzierte Projekte angemeldet werden können. Im Zentrum steht daher – auch in dem Artikel – die Frage, wie sich die unterschiedlichen Projekte inhaltlich und thematisch gliedern lassen. Dabei zeigt sich als überraschender Befund, dass traditionelle Themen, wie z.B. die Geschichte der Erwachsenenbildung kaum noch benannt werden. Ähnlich wie in dem Beitrag von Kraul wird aber deutlich, dass sich auch in diesem Bereich Bildungsforschung durchsetzt. Allein den vier Themengruppen „E-Learning", „Diagnose und Analyse von Bildungsbedarf", „Angebot und Nachfrage in der beruflichen Weiterbildung" sowie „lernende Organisation" werden rund ein Drittel der insgesamt 335 genannten Projekte zugeordnet. Das Spektrum von insgesamt 14 unterschiedlichen Themenfeldern lässt aber auch erkennen, dass berufliche Weiterbildungs- und Erwachsenenforschung unterschiedliche Foki besetzt.

Faulstich und *Gräßner* befassen sich mit einem spezifischen Problem, das mit der Umstellung auf BA/MA-Studiengänge für die Erziehungswissenschaft an Bedeutung gewinnt. Neben dem Wegfall des traditionellen Magister-Studiengangs entfällt auch die Unterteilung in die Studienrichtungen des Diplom-Studiengangs. Mit dem Schnitt neuer Studiengänge und der gleichzeitigen Notwendigkeit, diese zu akkreditieren, stellt sich in vielen Bereichen die Frage, ob eine hinreichende Kapazität für die Gestaltung von Nachfolgemodulen für die ursprünglichen Studienrichtungen vorhanden ist. Diese Frage muss in vielen Fällen verneint werden. Die Folge ist, dass an die Stelle von ehemaligen Studienrichtungen nur noch einzelne Module treten können oder gänzlich aufgegeben werden müssen. Damit steht dann auch evtl. eine traditionelle Fachrichtung der Erziehungswissenschaft zur Disposition. Hier sind implizit mehrere Fragen angesprochen. Die erste lässt sich dahingehend formulieren, ob die Denomination einer Stelle mit den Lehrveranstaltungen korrelieren muss oder ob bestimmte Veranstaltungen nicht auch unabhängig von der Denomination angeboten werden können, wie das beispielsweise in der Physik der Fall ist. Die eine extreme Variante, die sich ergeben könnte, wäre, dass allgemeine und einführende Veranstaltungen von Spezialisten durchgeführt werden können. Die andere Richtung der Argumentation ist die, dass den bisherigen Studienrichtungen die Marginalisierung droht und sie in Folge dessen nicht weitergeführt werden könnten. In dem Artikel werden nun unterschiedliche Strategien behandelt, wie unter den Vorgaben des Bologna-Modells die Eigenständigkeit von Teildisziplinen jenseits solcher radikalen Lösungen erhalten werden kann.

Mit der Wiederholung der Darstellung der Entwicklung der Hochschullehrerstellen der Erziehungswissenschaft in der BRD nehmen *Kaufmann* und *Merkens* eine Form der Berichterstattung wieder auf, die bereits in den Datenreporten von 2000 und 2002 begonnen worden ist. Es zeigt sich dabei, dass es einerseits zu einer Stabilisierung der Entwicklung der Hochschullehrerstellen gekommen ist, dass es andererseits aber auch neue Entwicklungen im Vergleich zu den Vorgängerjahren gibt. Diese neuen Entwicklungen werden vor allem an zwei Punkten sichtbar: erstens gibt es nun vereinzelt Juniorprofessuren und zweitens zeigt sich bei der Schulpädagogik/Forschung eine Ausdifferenzierung in Richtung Bildungsforschung.

Bezogen auf die Fragestellung, die bei der Vorstellung des Beitrags von Faulstich und Gräßner aufgeworfen worden ist, ob sich eine Tendenz in Richtung zunehmender Spezialisierung oder eine Tendenz in Richtung zunehmender Beendigung bisher vorhandener Teildisziplinen nachzeichnen lässt, wird ersichtlich, dass in der Disziplin das Sowohl-als-auch vorherrschend bleibt. Festzuhalten bleibt die dominante Stellung der Lehrerbildung, die sich in der großen Anzahl von Denominationen für die Fachrichtung Schulpädagogik/Schulforschung (inkl. Bildungsforschung) und allgemeine Pädagogik/Erziehungswissenschaft (inkl. Historische Erziehungswissenschaft) zeigt. Daneben behaupten sich die einzelnen Teildisziplinen (insbesondere die Erwachsenenbildung, Sozialpädagogik und Medienpädagogik). Die Berufs- und Wirtschaftspädagogik ist auch der Schulpädagogik/Schulforschung zuzurechnen.

Mit dem Beitrag von *Botte* wird ein Problem in die Datenreporte eingeführt, welches bisher noch nicht bearbeitet worden ist. Moderne Wissenschaften leben

u. a. auch davon, dass sie für die erforderliche Kommunikation Informationsnetze kreieren, die einerseits den wissenschaftlichen Austausch schnellstmöglich befördern und anderseits sicherstellen, dass Information bei Bedarf möglichst einfach beschafft werden kann. Die Erziehungswissenschaft ist eine Disziplin, in der Instrumente, die in anderen Wissenschaften gut funktionieren, bisher nicht vorhanden sind. Das trifft für Zitationsindizes, aber auch für Bibliographien zu. Das Fachportal Pädagogik soll verschiedene Möglichkeiten der systematischen Informationsbeschaffung in der Erziehungswissenschaft vereinen. Über dieses Fachportal ist auch eine Vernetzung mit anderen Fachportalen und sonstigen elektronischen Datenbanken möglich, die für in Erziehungswissenschaft arbeitende Wissenschaftler/-innen relevante Informationen zur Verfügung stellen. Es ist zu hoffen, dass das Fachportal Pädagogik mit seinen vielfältigen Möglichkeiten einerseits in der Erziehungswissenschaft genutzt wird und dass andererseits über dieses Portal auf Dauer auch die Qualität der Informationen weiter verbessert werden wird.

Die Beiträge dieses Datenreports lassen erkennen – das sei abschließend noch einmal wiederholt – dass die Erziehungswissenschaft als Disziplin, wenn man Feinanalysen betreibt, auf die unterschiedlichen Herausforderungen in Forschung und Lehre sowie bei der Organisation der Studiengänge im Augenblick differenziert reagiert.

Gestufte erziehungswissenschaftliche Hochschulausbildung im internationalen Vergleich

Cathleen Grunert, Susann Rasch

1. Einführung

Mit der Novellierung des Hochschulrahmengesetzes im Jahre 1998 wurde die Erprobung neuer, gestufter Studienabschlüsse Bachelor/Bakkalaureus und Master/Magister auch im deutschen Hochschulsystem rechtlich verankert (HRG §19). Begründet wurde dieser Schritt mit der Notwendigkeit des Einlassens auf eine allgegenwärtige Internationalisierung, die auch vor den Hochschulen nicht Halt macht. Daraus folgten Forderungen nach einer Anpassung der Studienabschlüsse an internationale „Standards", die mehr Mobilität und Flexibilität ermöglichen soll. Neben der „Vereinheitlichung" der Studienabschlüsse zum Zwecke der Anschlussfähigkeit an internationale Gepflogenheiten, geht es dabei aber auch um eine Verkürzung der Studienzeiten, die im internationalen Vergleich in Deutschland deutlich länger seien als in anderen Ländern, eine Reduktion der Studienabbrecherquoten, eine höhere Transparenz und Flexibilität der Studienangebote sowie eine stärkere Betonung der Berufsqualifizierung der universitären Ausbildung.

Ungeachtet des im Gesetzestext von 1998 ausdrücklich vermerkten Erprobungscharakters der Einführung dieser neuen Studiengänge, haben in der Folgezeit eine ganze Reihe von Hochschulen zumindest Teile ihres Studienangebotes auf dieses neue Graduierungssystem umgestellt, und dies ohne die Erfahrungen aus einigen Modellversuchen abzuwarten. So scheinen nicht nur die Forderungen nach einer „sorgfältigen Erprobung, insbesondere hinsichtlich der Akzeptanz der Abschlüsse auf dem Arbeitsmarkt" (KMK 2000), sondern auch die kritischen Einwände gegen die massenhafte Einführung der neuen Graduierungssysteme sowohl an Universitäten als auch an Fachhochschulen im allgemeinen Reformeifer auf der Strecke geblieben zu sein (vgl. etwa Helsper/Kolbe 2002; Löwer 1998; Krüger/Rauschenbach 2003). So wurde dann auch nicht die Bewährung der neuen Abschlüsse am Arbeitsmarkt, sondern die rasch steigende Zahl an neuen Studienangeboten zum Anlass genommen, die Richtlinien zur Einführung von Bachelor- und Masterstudiengängen mit der 6. Novelle des Hochschulrahmengesetzes 2002 von ihrem Erprobungscharakter zu entbinden und in das Regelangebot der Hochschulen zu überführen[1].

Insgesamt lässt sich für den bisherigen Bachelor-Master-Reformprozess innerhalb des deutschen Hochschulsektors eine starke Orientierung an angelsächsisch geprägten Hochschulsystemen feststellen. Auf europäischer Ebene ist dies das britische Hochschulsystem; und zwar erfolgt hier u.a. eine Bezugnahme auf das fachwissenschaftlich ausgerichtete britische „Bachelor of Arts"-Studium. Im globalen Kontext lässt sich das US-amerikanische „Higher Education System" als das dominierende angelsächsische Vorbild hinsichtlich des deutschen Hochschulreformprozesses ausmachen (Gebhardt 2001).

Im Folgenden wird der Frage nachgegangen, welche Art von Vorbildern die erziehungswissenschaftlichen Studiengänge in Großbritannien und in den USA für die Reform des Hauptfachstudiums Erziehungswissenschaft an deutschen Hochschulen abgeben und wie sich der deutsche Reformprozess vor diesem Hintergrund bislang gestaltet.

2. Das erziehungswissenschaftliche Hochschulstudium in Großbritannien

Aufgrund der in Abb. 1 dargestellten Stufung der britischen Hochschulausbildung ist auch im Falle des erziehungswissenschaftlichen Hochschulstudiums zwischen Studienprogrammen auf dem „Undergraduate Level" und dem „Graduate Level" zu unterscheiden. Dabei sind grundständige Studiengänge in dieser Disziplin eher eine Ausnahme (Böllert/Nieke 2002).

Für die Darstellung des erziehungswissenschaftlichen Studiums an britischen Hochschulen auf dem „Undergraduate Level" wurde die Internet-Präsenz des „Universities and Colleges Admissions Service (UCAS)"[2] herangezogen. Danach lassen sich in der Studienrichtung „Education" 2.178[3] Studienprogramme ermitteln. Hierunter fallen speziell solche der Studienrichtung „Education(al) Studies" (Erziehungswissenschaft)[4].

---

[1] Gerade in den letzten zwei Jahren ist daraufhin eine deutliche Steigerung der Einführung der neuen Studiengänge auszumachen. Waren es im Jahre 2003 fächerübergreifend noch 851 Bachelor- und 922 Masterangebote, so stieg die Anzahl der Studiengänge bis zum Wintersemester 2005/2006 bereits auf 2.091 mit Bachelor- und 1.511 mit Masterabschluss (HRK-Hochschulkompass 2003, 2005).

[2] Der „UCAS"ist eine zentrale Einrichtung, die die Bewerbungen für Vollzeit-Studienprogramme auf dem „Undergraduate Level" an britischen Universitäten und Colleges abwickelt (http://www.ucas.ac.uk).

[3] Stand: Mai 2005.

[4] http://www.ucas.com/search/index05.html

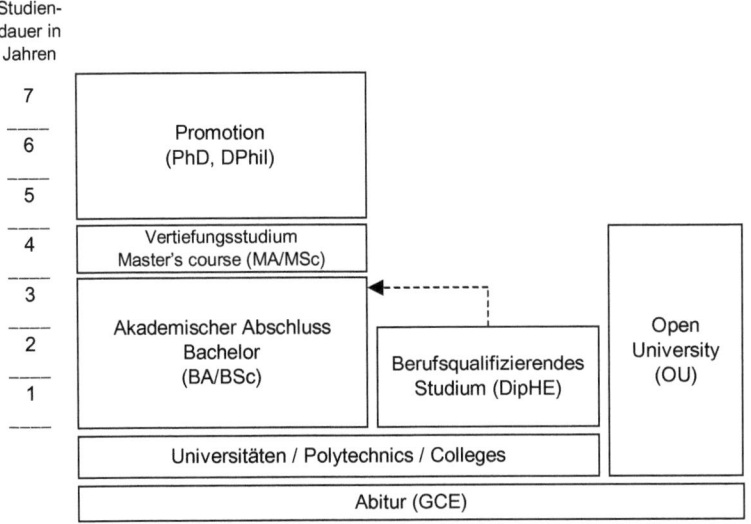

Quelle: List 1994.
Abbildung 1: Stufen der britischen Hochschulausbildung

Eine Vielzahl der Programme der Studienrichtung „Education(al) Studies" steht im Kontext der Lehramtsausbildung. Bezüglich der Lehramtsausbildung in Großbritannien ist im Allgemeinen zwischen einem einphasigen grundständigen Studium und einer zweiphasigen Ausbildung zu differenzieren. Der „Bachelor of Education" (BEd) wird überwiegend im Bereich der Ausbildung für das Lehramt an britischen Grundschulen nach Absolvierung eines einphasigen Ausbildungsgangs verliehen. Die Studiendauer beträgt meist vier, mitunter drei Jahre. Im Falle der zweiphasigen Lehramtsausbildung bildet ein fachlicher Bachelor-Grad die Zugangsvoraussetzung für das einjährige Aufbaustudium zur Erlangung des „Postgraduate Certificate in Education" (PGCE). Der BEd und das PGCE stellen die gängige Form der Lehramtsausbildung für den Sekundarschulbereich dar. Sie können an „Universities", aber auch an Lehrerausbildungsstätten, den „Colleges of Education" oder „Institutes of Higher Education" erworben werden.[5] Im Allgemeinen wird das Lehramtsstudium in Großbritannien als ein Kombinationsstudium von Fachwissenschaft und didaktisch-erziehungswissenschaftlichem Studienanteil hauptsächlich an nichtuniversitären Einrichtungen oder spezialisierten Hochschulen durchlaufen.

---

5 http://www.ifos.de/anabin/scripts/SelectLand.asp?SuchLand=3&MyURL=lstAbschluss.asp.

Vorrangig trifft dies auf die Primarschullehramtsausbildung zu. Seit einiger Zeit lässt sich hier eine Tendenz zur Ausweitung der erziehungswissenschaftlichen Studienanteile wahrnehmen (HRK 1998).

Unter den grundständigen Programmen der Studienrichtung „Education(al) Studies" lassen sich spezialisierte Studienprogramme mit erziehungswissenschaftlichen Studienanteilen ausmachen, die durch eine gewisse Nähe zum traditionellen deutschen erziehungswissenschaftlichen Hauptfachstudium gekennzeichnet sind und solche, die eine gewisse Distanz zu demselben aufweisen. Lediglich in wenigen Fällen ist die Studienrichtung „Education(al) Studies" als einzelnes Fach studierbar. Die Zugangsvoraussetzungen zu diesen Studienprogrammen hängen von der jeweiligen Hochschule und der Art des Studienprogramms ab. Je nach Abschlussart schwankt die Dauer für ein Vollzeitstudium zwischen zwei und drei Jahren. Das „Diploma of Higher Education" (DipHE)[6] kann nach zwei Jahren, der „Bachelor of Arts" (BA)[7], „Honours Bachelor of Arts" (Hon BA), „Honours Bachelor of Science" (Hon BSc), „Honours Modular" (Hon Mod)[8] nach drei Jahren Vollzeitstudium erlangt werden.[9]

Studienprogramme der „Education Studies" stehen oftmals ausschließlich im Kontext der Lehramtsausbildung. Es existieren aber auch solche, die neben der Lehrtätigkeit auch auf andere Bereiche des Bildungswesens vorbereiten. Dem deutschen erziehungswissenschaftlichen Studium am nächsten kommende Studienangebote auf dem „Undergraduate Level" sind solche mit der Bezeichnung „Educational Studies". Derartige Studienprogramme sind etwa an der University of York, Keele University, University of Hull und Lancaster University zu finden. Für sie ist eine modulare Struktur mit vordefinierten Kernmodulen kennzeichnend. Die Studiendauer beträgt drei Jahre. Das Studium ist in starkem

---

6 Der DipHE-Abschluss erfordert ein zweijähriges Studium, das mit den ersten beiden Studienjahren zur Erlangung eines ersten akademischen Grades verglichen werden kann und überwiegend ähnliche Anforderungen stellt. Zum einen soll es eine anerkannte Abschlussqualifikation liefern, zum anderen dient es als Zwischenschritt zum Erreichen anderer Qualifikationen (DAAD 1995, 20). Oft sind DipHE-Programme berufsbezogen ausgerichtet. Sie kommen besonders für solche Studierende in Frage, die nicht die üblichen Zugangsvoraussetzungen erfüllen, und können den Zugang zu „Degree Courses", u.U. des dritten Studienjahres, eröffnen (http://www.bbc.co.uk/learning/returning/qualcollapps/qualifications/intro_05.shtml).
7 Der BA ist neben dem „Bachelor of Science" (BSc) der erste akademische Abschlussgrad auf dem „Undergraduate Level". I.d.R. ist er bereits berufsqualifizierend (http://www.ifos.de/anabin/scripts/SelectLand.asp?SuchLand=3&MyURL=lstAbschluss.asp; DAAD 1995, 17).
8 In Großbritannien wird zwischen einem normalen Bachelor-Grad („Pass Degree") und einem „Honours Degree" unterschieden. Letzterer ist für die besseren Studierenden eine Auszeichnung und wird durch zusätzliche Kurse und mehr Leistung erlangt. Meist werden die notwendigen Voraussetzungen in einem getrennten vierten Jahr erfüllt. Es gibt aber auch die Möglichkeit, die erforderlichen Leistungen während des dreijährigen Studiums zu erbringen (Keedy 1999, 18f.).
9 http://www.ucas.com/search/index05.html.

Maße durchstrukturiert und kann daher als „verschult" charakterisiert werden. Prinzipiell sind das Studienangebot sowie die späteren Beschäftigungsmöglichkeiten ausgesprochen vielfältig. Im Anschluss an diese Studienprogramme bieten sich neben dem Einstieg in das Erwerbsleben vielfältige Studienmöglichkeiten auf dem „Graduate Level".[10]

Für die Darstellung des erziehungswissenschaftlichen Studiums an britischen Hochschulen auf dem „Graduate Level" wurde die Internet-Präsenz des Career Service „Graduate Prospects"[11] herangezogen. Danach lassen sich 1.070[12] Studienprogramme für den Bereich „Education" auf dem „Graduate Level" ausmachen. Darunter fallen auch die der deutschen erziehungswissenschaftlichen Hochschulausbildung vorrangig nahekommenden „(Advanced) Education(al) Studies". Bedingt trifft dies auch auf unter dem Titel „Education" laufende Studienangebote zu. Zumeist stehen diese aber stärker im Kontext der Lehramtsausbildung. Darüber hinaus sind Studienprogramme wie „Education(al) Management" und „Education(al) Research" zu nennen, die wenigstens in mancher Hinsicht der deutschen erziehungswissenschaftlichen Hochschulausbildung entsprechen. Ferner bestehen Doktorats-Programme wie „(Professional) Doctorate in Education" und „Doctor(ate) of Education" (EdD).[13]

Im Rahmen der „(Advanced) Educational Studies Programmes" können jeweils verschiedene „Graduate Level Degrees" erlangt werden: das „Postgraduate Diploma" (PGDip), das „Postgraduate Certificate" (PGCert)[14], der zwischen einem BSc und „Master of Science" (MSc) angesiedelte „Bachelor of Philosophy" (BPhil), der „Master of Arts" (MA)[15] und „Master of Philosophy" (MPhil)[16]. Da-

---

10   http://www.york.ac.uk/depts/educ/.
     http://www.keele.ac.uk/undergraduate/prospectus/2005/education.htm.
     http://ces.hull.ac.uk/courses/BAEducationalStudies.html.
     http://www.lancs.ac.uk/fss/edres/study/undergrad/eds.htm.
11   Im Falle von „Graduate Prospects", der „Higher Education Careers Services Unit" (CSU), handelt es sich um Großbritanniens offiziellen „Graduate Careers Support Service" (http://www.prospects.ac.uk/cms/ShowPage/Home_page/About_us/Who_are_Graduate_Prospects_/p!egijdk).
12   Stand: Mai 2005.
13   http://www.prospects.ac.uk/cms/ShowPage/Home_page/Search_courses_and_research/p!eacge.
14   Im Falle des PGDip und PGCert handelt es sich um berufsorientierte Abschlüsse auf dem „Postgraduate Level", deren Erlangung i.d.R. in einem kürzeren Zeitraum als das Absolvieren von „Master Programmes" möglich ist und meist nicht die Anfertigung einer wissenschaftlichen Arbeit voraussetzt. Sie können die berufliche Anerkennung in einem bestimmten Tätigkeitsgebiet steigern. So ist etwa das „Postgraduate Certificate in Education" (PGCE) für den Zugang zum Primarschul-, Sekundarschul- und Weiterbildungsbereich sowie das „PGDip/Cert Counselling" für das Einmünden in die Beratung eine notwendige Voraussetzung (AGCAS/Graduate Prospects 2005, 4).
15   Der MA und MSc werden als erster wissenschaftlicher Hochschulabschluss des Postgraduiertenstudiums an britischen Hochschulen verliehen und bauen regulär auf einem dreijährigen Ba-

bei liegt die Studienzeit in Abhängigkeit vom angestrebten Abschluss für ein Vollzeitstudium zwischen acht Monaten und einem Jahr und für ein Teilzeitstudium zwischen zwei und fünf Jahren. Die Zugangsvoraussetzungen für die Studienprogramme divergieren ebenfalls. U.a. existieren solche, die ausschließlich Lehrern zugänglich sind. Ferner unterscheidet sich die jeweilige inhaltliche Schwerpunktsetzung. Kennzeichnend für die Studienprogramme ist eine modulare Struktur, wobei Inhalt und Anzahl der zu absolvierenden Module von der jeweiligen Zielstellung des Studienprogramms sowie dem angestrebten Abschlussgrad abhängen. Auch die Bewertungsmethoden der Studienleistungen divergieren.[17]

In den Studienprogrammen im Fach „(Professional) Education Studies", bei denen jene der „Education Studies" im Vergleich zu solchen der „Educational Studies" auch näher an der Lehramtsausbildung liegen, können ebenfalls verschiedene Abschlüsse erworben werden: „Higher Diploma" (HDip)[18], PGDip, PGCert, „Master in/of Education" (MEd)[19] und MA. Ein Vollzeitstudium nimmt

---

chelorabschluss auf, dessen Fachrichtung meist vom Master-Studium abweicht. Während im Bereich der Geisteswissenschaften ein Master of Arts (MA) als akademischer Grad verliehen wird, erfolgt auf dem Gebiet der Naturwissenschaften die Vergabe des Master of Science (MSc). Beide Abschlussgrade können als sog. „Taught Master's Degree" oder als „Master's Degree by Thesis/Dissertation" erworben werden. Der „Taught Master's Degree" setzt eine schriftliche Prüfung, Tätigkeit im gewählten Spezialgebiet und die Erstellung einer kleineren selbständigen Arbeit voraus, wohingegen der „Master's Degree by Thesis" aufgrund einer mündlichen Prüfung und wissenschaftlichen Forschungsarbeit („Thesis"/„Dissertation") erlangt wird. Insgesamt zeichnen sich Master-Studiengänge gegenüber Bachelorstudiengängen durch eine relativ starke Spezialisierung auf ein spezifisches (oft relativ enges) Fachgebiet aus. (http://www.ifos.de/anabin/scripts/SelectLand.asp?SuchLand=3&MyURL=lstAbschluss.asp).

16 Der MPhil stellt eine spezielle Form des Master-Grades dar und ist forschungsorientierter und höherwertiger als der MA. Für ihn ist ein hohes Maß an Spezialisierung auf ein Fachgebiet kennzeichnend und er lässt sich mit dem deutschen Universitätsdiplom und dem Magister Artium vergleichen. Meist dient das MPhil-Studium der Vorbereitung auf ein späteres Promotionsstudium, wobei Anrechnungen von Studienzeiten möglich sind (http://www.ifos.de/anabin/scripts/SelectLand.asp?SuchLand= 3&MyURL=lstAbschluss.asp).

17 http://www.prospects.ac.uk/cms/ShowPage/Home_page/Search_courses_and_research/p!eacge.

18 Im Falle des HDip handelt es sich um einen an Hochschulen Irlands verliehenen über dem BA-Grad rangierenden Hochschulabschluss (vgl. http://en.wikipedia.org/wiki/Higher_Diploma). Das „Higher Diploma in Education" (HDipEd) ist ein postgradualer Abschluss für Lehramtsanwärter im Sekundarbereich. Diese werden in insgesamt vierjährigen Kursen ausgebildet, entweder in den vierjährigen Kursen zum Erwerb des „Higher Diploma in Education" oder in einem dreijährigen fachlichen Bachelor-Kurs zuzüglich eines einjährigen „Higher Diploma in Education (Post-Graduate)"/„Bachelor of Education"
(http://www.ifos.de/anabin/scripts/frmGlossar.asp?ID=1335;
http://www.ifos.de/anabin/scripts/frmAbschlusstyp1.asp?ID=1627).

19 Der MEd gehört etwa neben dem MA und MSc zu den bekanntesten „Master's Degrees" (http://www.britishcouncil.de/d/education/study2.htm). Grundsätzlich bieten „MEd-Program-

je nach angestrebtem Abschluss zwei bis drei Jahre in Anspruch, während die Dauer für ein Teilzeitstudium zwischen ein und fünf Jahren schwankt. Auch im Falle dieser Studiengänge divergieren die Zugangsvoraussetzungen. Vorrangig notwendig ist eine vorausgegangene Lehramtsausbildung oder zumindest eine Graduierung, die auch Qualifikationen aus der Lehramtsausbildung beinhaltet. Je nach Schwerpunktsetzung des Studienprogramms weichen die Bewertungsmethoden für Studienleistungen und deren Gewichtung voneinander ab.[20]

3. Das erziehungswissenschaftliche Hochschulstudium in den USA

Ein erziehungswissenschaftliches Hauptfachstudium in der Form, wie wir es von Deutschland her kennen, existiert in den USA nicht. Allerdings lassen sich die Studienrichtungen „Teacher Education" (Lehrerausbildung) und „Social Work" (Sozialarbeit) als demselben nahekommende Disziplinen ausmachen. Auch für die US-amerikanische Hochschulausbildung im Allgemeinen wie in diesen Bereichen gilt, wie Abb. 2 veranschaulicht, dass sie mehrstufig strukturiert ist.

In Bezug auf die Lehrerausbildung ist zwischen „4-Year Teacher Education Programs", „5-Year Teacher Education Programs", „Graduate Level Programs" und „Alternative Certification Programs" zu differenzieren. Die meisten Lehrer durchlaufen vor ihrem Eintritt ins Berufsleben „4-Year Undergraduate Programs", die zu einem Bachelorabschluss führen und weitgehend identisch sind. Sie gliedern sich in zwei Abschnitte: Die ersten beiden Jahre widmen sich der „General Education" (Allgemeinbildung), die letzten beiden den „Professional Studies" (berufsbezogene Studien). Beide Abschnitte sind organisatorisch und konzeptionell voneinander getrennt. Im Rahmen eines „5-Year Teacher Education Program" durchlaufen die Studierenden ein weiteres Jahr, in dem sie ein berufsbezogenes Studium und ein betreutes Praktikum absolvieren. Die meisten dieser erweiterten Programme führen zu einem Masterabschluss, manche enden aber auch nur mit einem Zeugnis bzw. einer Bescheinigung. Auch „5-Year Teacher Education Programs" decken die Bereiche „General Education" und „Professional Education" ab (Feiman-Nemser 1990, 216ff.). Unterschiede zwischen „4-Year Teacher Education Programs" und „5-Year Teacher Education Programs" bestehen hinsichtlich Zulassungsstandards, Länge, Dauer der Tätigkeit im Feld und Art der Unterweisung in Bezug auf die Felderfahrung (Andrew 1990, 50).

---

    mes" eine teilweise berufsbezogene Hochschulausbildung (http://www.prospects.ac.uk/cms/ ShowPage/ Home_page/Your_Masters_what_next_/Further_study/p!empjbiF;$3F8$D).
20 http://www.prospects.ac.uk/cms/ShowPage/Home_page/Search_courses_and_research/p!eacge.

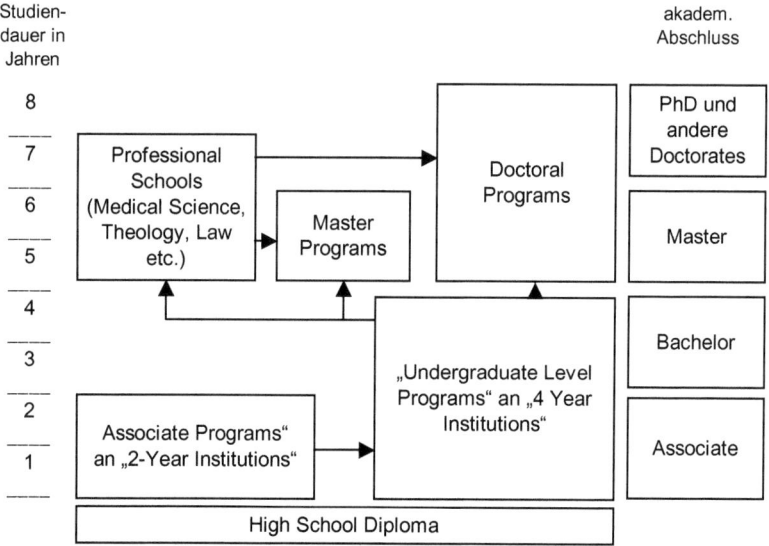

Quelle: Rothfuß 1997, 45.

Abbildung 2: Stufen der US-amerikanischen Hochschulausbildung

Für den Lehrberuf in Frage kommende Abschlussgrade auf der Master-Ebene sind u.a. der MA, MSc[21], „Master of Education" (MEd)[22], „Master of Arts in Teaching" (MAT)[23] und „Master of Teaching" (MT)[24]. Die Bandbreite mögli-

---

21 Der MA und der MSc sind in den USA in den meisten Fächern die Standardabschlüsse und können komplett kursbezogen („course-based"), komplett forschungsbezogen („research-based") oder als Mischform angelegt sein. Prinzipiell ist der „Master's Degree" vom Niveau her zwischen einem Bachelorabschluss und einem Doktorat anzusiedeln (http://en.wikipedia.org/wiki/Master's_degree).

22 Der MEd wird nach durchschnittlich zwei Jahren Studium als „Professional Degree" bzw. „Research Degree" verliehen (Braun 1999, 22). Der MEd ist mit jenen MA- und MSc-Abschlüssen vergleichbar, in deren Fall das Fach „Education" studiert worden ist (http://en.wikipedia.org/wiki/Master's_degree). Etwa ein Viertel aller Master-Grade werden jedes Jahr im Fach „Education" (MEd) erlangt (Unger 1996, 580).

23 Im Falle des MAT handelt es sich um einen „Professional Degree" (berufsbezogenen Abschluss) nach einjährigem Studium (Braun 1999, 22). Die „Coursework" (Arbeiten, die über das Jahr angefertigt werden, i.d.R. als Hausaufgaben/Hausarbeiten) und Praktika (z.B. Referendariate), die zu einem MAT-Abschluss führen, sollen Studierende auf eine Lehrlaufbahn in einem bestimmten Fach auf mittlerem und Sekundarschulniveau, z.B. an „Middle Schools" und „High

cher Abschlüsse spiegelt die Fülle bestehender „Graduate Level Programs" wider, die ihrerseits Qualitätsunterschiede zwischen den Master-Programmen nahe legt. Gegenüber einem Bachelorabschluss eröffnet ein Masterabschluss im Allgemeinen höhere Karrierechancen (Knapp/McNergney/Herbert/York 1990, 28ff.). Generell erfreuen sich „Graduate Level Programs" vor allem in Zeiten des Lehrkräftemangels großer Beliebtheit (Feiman-Nemser 1990, 218).

„Alternative Certification Programs" bieten in Zeiten des Lehrkräftemangels ein On-the-job-Training für College-Absolventen, denen der notwendige Background im Bereich „Education" fehlt. I.d.R. sind sie durch formalen Unterricht und die Zusammenarbeit mit einem erfahrenen Lehrer gekennzeichnet (ebd., 219).

Innerhalb der verschiedenen Ausbildungsprogramme belegen die angehenden Lehrer meist ein Hauptfach („Major") und ein Nebenfach („Minor"). Dabei werden erziehungswissenschaftliche und sozialwissenschaftliche Anteile in unterschiedlichem Umfang studiert (Dichanz 1991, 146f.).

Hinsichtlich der Lehrerausbildung lassen sich Unterschiede zwischen den einzelnen US-Bundesstaaten in Niveau, Dauer und Abschluss ausmachen. So wird in einigen Staaten der Nachweis eines „Bachelor of Arts"-Abschlusses nach vierjährigem Studium an einem College oder der „School of Education" einer Universität zur Erlangung der Lehrqualifikation vorausgesetzt. Etliche Staaten verlangen heutzutage jedoch den „Master of Education" (MEd/MA). Daneben gibt es Staaten (z.B. Kalifornien), denen ein Universitätsexamen nicht ausreicht und die die Zulassung als „Certified Teacher" an ein eigenes Examen bzw. einen speziellen Test binden. Aus diesen Unterschieden zwischen den Bundesstaaten resultiert eine hohe Vielfalt in der Lehrerausbildung, die in gleicher Weise auch für die Praxisvorbereitung zutrifft. Nur in wenigen Staaten (z.B. Oklahoma, Kalifornien) findet sich eine dem deutschen Referendariat verwandte Phase praxisnaher Ausbildung. Als gemeinsame Entwicklungstendenz in der Lehrerausbildung lässt sich eine Steigerung der Ansprüche sowie die Forderung nach einem MA-Abschluss ausmachen (ebd., 145f.).

Abgesehen von der Lehrerausbildung kommen erziehungswissenschaftliche Inhalte in der Studienrichtung „Social Work" vor. Die Voraussetzung für eine Tätigkeit als Sozialarbeiter in den USA bildet ein vom „Council on Social Work

---

Schools", vorbereiten. Der MAT unterscheidet sich vom MEd in der Weise, dass der Unterricht in dem Fach, das gelehrt werden soll, dominiert, wohingegen der Unterricht in pädagogischer Theorie eine eher untergeordnete Rolle spielt, wobei anzumerken ist, dass, um die Anforderungen an das Studienprogramm und des Bundesstaates zu erfüllen, eine Unterweisung auf diesem Gebiet durchaus stattfindet (http://en.wikipedia.org/wiki/Master's_degree).

24   Im Falle des MT handelt es sich um einen Abschluss, der für Studierende, die über einen „Bachelor's Degree" verfügen und am Erlangen einer Unterrichtslizenz („Teaching License") interessiert sind, in Frage kommt (http://curry.edschool.virginia.edu/sped/mt.html).

Education" (CSWE) akkreditierter College- oder Universitätsabschluss.[25] Im Studienfach „Social Work" existieren verschiedene Programme, die sowohl auf College-Ebene als auch im Bereich der höherqualifizierenden „Graduate Studies" angeboten werden. Der College-Abschluss wird als „First Professional Degree" verliehen, und ein vertiefendes „Graduate Program" führt zu einem i.d.R. nicht erforderlichen, aber hilfreichen „Second Professional Degree" (Littmann 1992, 15f.). Auf dem „Undergraduate Level" besteht die Möglichkeit, einen „Bachelor of Social Work" (BSW), auf dem „Graduate Level" einen „Master of Social Work" (MSW) oder „Doctor of Social Work" (DSW) bzw. PhD in „Social Work" zu erlangen. Der Bachelorabschluss ist für den Berufseinstieg, der Masterabschluss für gehobenere Tätigkeiten erforderlich. Der DSW oder PhD empfiehlt sich bei angestrebter Tätigkeit in der universitären Forschung oder Lehre.[26] Zu diesen Abschlussgraden führen entsprechende „Doctoral Programs" (U.S. Department of Labor 2005b).

„BSW Programs" bereiten direkt auf die Berufstätigkeit im sozialen Dienst vor. Sie beinhalten Kurse in den Bereichen Praxis der Sozialarbeit, Strategien der sozialen Wohlfahrt, menschliches Verhalten und soziale Umwelt, Methoden der Sozialforschung, Sozial- und Wirtschaftsrecht, Werte und ethische Grundsätze der Sozialarbeit, Umgang mit Klienten anderen kulturellen Ursprungs, gefährdete Bevölkerungsgruppen und die Ausbildung im Feld. In akkreditierten „BSW Programs" werden mindestens 400 Stunden Erfahrung im Feld unter Aufsicht verlangt. „MSW Programs" bereiten auf die Tätigkeit in einem gewählten Schwerpunktgebiet vor. Ihre Dauer beträgt zwei Jahre und sie umfassen eine Unterweisung im Feld unter Aufsicht oder ein Praktikum im Umfang von 900 Stunden. Ein Teilzeit-Programm kann vier Jahre dauern. Um Zugang zu einem Master-Programm zu erhalten, ist kein „Bachelor Degree" im Fach „Social Work" erforderlich. Allerdings sind Kurse in den Fächern Psychologie, Biologie, Soziologie, Wirtschaftswissenschaften, Politikwissenschaft und „Social Work" empfohlen (U.S. Department of Labor 2005b). Grundsätzlich wird ein Äquivalent zu einem zwei akademische Jahre umfassenden Vollzeit-Studium verlangt.[27] Ferner kann eine zweite Fremdsprache hilfreich sein. Die meisten „Master Degree Programs" bieten denjenigen Studierenden, die bereits über einen Bachelorabschluss eines akkreditierten Studienprogramms in „Social Work" verfügen, einen Fortgeschrittenen-Status an.[28]

---

25 http://www.naswnys.org/faq-d.html.
26 http://www. naswnys.org/faq-d.html.
27 http://www.nyu.edu/socialwork/cs-msw-policy-statements.html#5.
28 Social Workers. In: U.S. Department of Labor (Hrsg.) (2005b): Occupational Outlook Handbook 2004-2005.

Generell unterscheiden sich „BSW Programs" und „MSW Programs" in der Tiefe, Breite und Spezifität des vermittelten Wissens sowie hinsichtlich der Fähigkeiten, die im Kontext der Praxistätigkeit von den Absolventen erwartet werden. Beide Formen des „Social Work"-Studiums müssen den „Professional Foundation Curriculum" beinhalten, der die Vermittlung von Grundlagenwissen, allgemeinen Werten, Fähigkeiten und Fertigkeiten vorsieht. Darüber hinaus ist für sie eine geisteswissenschaftliche Ausrichtung, eine im Studium angelegte Vermittlung professioneller Grundlagen sowie die Entfaltung einer wissenschaftlichen und analytischen Herangehensweise durch das Heranführen an quantitative und qualitative Forschungsmethoden vorgeschrieben. Im Unterschied zu „BSW Programs" stehen im Rahmen von „MSW Programs" neben der Vermittlung berufsbezogenen Grundlagenwissens inhaltliche Schwerpunktsetzungen im Mittelpunkt.[29]

In Bezug auf die Lizenzierung hat jeder Bundesstaat eigene Verfahrensweisen. Viele Staaten fordern von in staatlichen Behörden beschäftigten Sozialarbeitern, dass sie über eine Lizenz des jeweiligen Bundesstaates verfügen. Daneben setzen die meisten Bundesstaaten bei Sozialarbeitern, die im Bereich Therapie und Beratung arbeiten, eine Lizenz voraus. Andere wiederum verlangen über einen BSW oder MSW hinaus keine Lizenzierung. Eine zunehmende Zahl der Bundesstaaten legt Wert auf die Aspekte kommunikative und interkulturelle Kompetenz sowie Berufsethos. Um ihre Beschäftigungschancen zu erhöhen, erwerben viele erfahrene Sozialarbeiter zusätzlich Zeugnisse der „Academy of Certified Social Workers" (ACSW), den „Qualified Clinical Social Worker" (QCSW) oder das „Diplomate in Clinical Social Work" (DCSW). Für gehobene berufliche Positionen ist zunehmend ein Masterabschluss die Bedingung. Der für eine Tätigkeit in der Forschung und Lehre üblicherweise vorausgesetzte DSW oder PhD wird auch für einige Positionen außerhalb des Wissenschaftssektors verlangt.[30]

4. Schlussfolgerungen für die deutsche Bachelor-Master-Reform im Fach Erziehungswissenschaft

Insgesamt weicht die traditionelle deutsche Hochschulausbildung, wie in Abb. 3 dargestellt, in ihrer Struktur von jener der britischen und US-amerikanischen ab.

---

29 http://iussw.iupui.edu/handbooks/bswhandbookappendixd.htm.
http://www.nyu.edu/socialwork/cs-msw-policy-statements.html#5.
30 U.S. Department of Labor 2005b; http://www.naswdc.org/credentials/default.asp.
http://www.wetfeet.com/asp/careerprofiles_req.asp?careerpk=39.

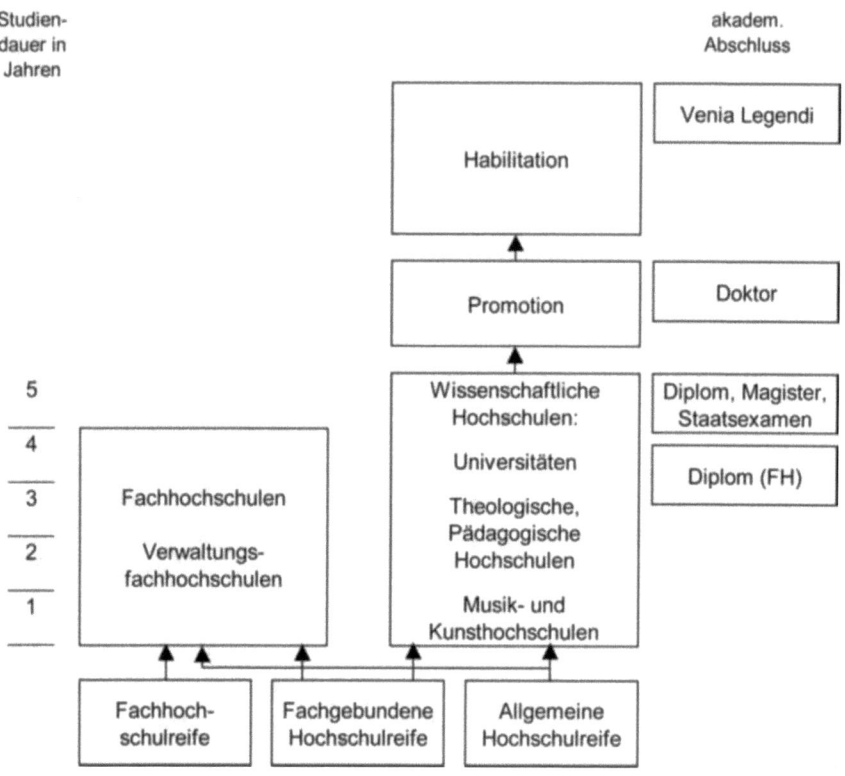

Quelle: Rothfuß 1997, 62

Abbildung 3: Stufen der traditionellen deutschen Hochschulausbildung

Obgleich diese drei Hochschulsektoren aufgrund ihrer spezifischen Historie und Hochschultradition sowie ihrer besonderen Systemlogik und Hochschulorganisation in vielen Punkten verschieden sind, lassen sich in den letzten Jahren deutliche Annäherungstendenzen beobachten. Diese erfolgen jedoch ausschließlich auf Seiten des deutschen Hochschulsystems, dessen gegenwärtiger Hochschulreformprozess von Einflüssen des britischen und US-amerikanischen Hochschulsektors geprägt ist. Deutlich wird dies an der massenhaften Einführung gestufter Bachelor- und Masterstudiengänge und deren Folgewirkungen.

Für die neuen Graduierungssysteme in Deutschland gilt zunächst der besondere Fall, dass sie sowohl an Fachhochschulen als auch an Universitäten eingerichtet werden können (Oelerich 2001, 176f.). In diesem Punkt unterscheidet sich der deutsche Weg von dem US-amerikanischen, da hier keine Hochschuleinrichtung existiert, die sich mit den deutschen Fachhochschulen vergleichen lässt. Hingegen findet sich in den USA eine differenzierte Struktur höherer Bildungseinrichtungen.[31]

Vergeblich sucht man in der einschlägigen deutschen Gesetzes- und Empfehlungsliteratur jedoch nach konkreten Unterscheidungskriterien zwischen Fachhochschulen und Universitäten. So ist der Passus im Beschluss der KMK (KMK 1997), dass die Bezeichnungen der Abschlüsse der Differenzierung des Ausbildungsangebotes nach eher theorie- und eher anwendungsorientierten Studiengängen Rechnung tragen müssen, gleichzeitig flankiert von dem Hinweis, dass stärker anwendungsorientierte Studiengänge auch an Universitäten und stärker theorieorientierte auch an Fachhochschulen angeboten werden können. Theorie- und Anwendungsbezug differenzieren damit ebenso wenig zwischen Universitäten und Fachhochschulen wie die durch die KMK angestrebte Zuordnung der Abschlüsse zu den Laufbahnen im öffentlichen Dienst. So sollen Master-Absolventen von Universitäten wie auch Master-Absolventen von Fachhochschulen (diese jedoch erst im Anschluss an eine diesbezügliche Akkreditierung des Studiengangs) dem höheren Dienst (IMK/KMK 2002) und Bachelor-Absolventen aller Hochschularten dem gehobenen Dienst zugeordnet werden. Zudem berechtigen Masterabschlüsse sowohl von Universitäten als auch von Fachhochschulen grundsätzlich zur Promotion.

Laut Hochschulrahmengesetz stellt der Bachelor einen ersten berufsqualifizierenden Abschluss dar. Ein Masterabschluss als weiterer berufsqualifizierender Abschluss kann nur darauf aufbauend erworben werden. Beide Abschlussarten können jedoch unabhängig voneinander an den Hochschulen eingerichtet werden. Ebenso besteht die Möglichkeit, konsekutive, also inhaltlich aufeinander aufbauende, Bachelor- und Masterstudiengänge einzurichten. Die Regelstudienzeiten sollen für den Bachelorstudiengang mindestens sechs und höchstens acht

---

31 Für die USA gilt, dass im Bereich der „Higher Education" zwischen Research-, Doctoral- und Masters-Universitäten sowie zwischen Masters- und Baccalaureate-Colleges zu differenzieren ist. „Universities" sind i.d.R. Institutionen, die eine Hochschulausbildung in Form der „Undergraduate Studies", „Graduate Studies" sowie „Professional Studies", die sich vorwiegend auf die Fächer Medizin, Rechts- und Ingenieurwissenschaft beziehen, anbieten. Sie verleihen Bachelor-, Master- und Doktor-Grade. Den Namen „Universität" tragen in den USA etliche sich auf vielfältige Weise unterscheidende Institutionen. U.a. divergieren sie hinsichtlich der Anzahl der akademischen Grade, die sie in den jeweiligen Qualifikationsstufen verleihen, und in der Höhe der Drittmittel, die ihre Professoren für den Bereich der Forschung einwerben (List 1998; Jahn 1998).

Semester betragen, für den Masterstudiengang sind mindestens zwei und höchstens vier Semester vorgesehen. Grundsätzlich ist die Einführung von Bachelor- und Masterstudiengängen mit der Einführung eines modularisierten Studienangebotes und eines Leistungspunktesystems verbunden, die vor allem dazu beitragen sollen, die Mobilität zwischen in- und ausländischen Hochschulen zu erleichtern, die Studiendauer zu minimieren und die Lehrinhalte transparenter und flexibler zu gestalten (Grunert 2004). Schaut man in diesem Punkt etwa auf die Entwicklung in Großbritannien, so ist diesen Hoffnungen mit Skepsis zu begegnen. Hier findet sich bereits auf dem „Undergraduate Level" eine „äußerst heterogene Studienstruktur" und obgleich ein System existiert, welches sowohl die Akkumulierung von Kreditpunkten als auch ihren Transfer ermöglichen soll (CATS)[32], stellt sich die Frage, wie unter dieser Voraussetzung ein Transfer von Studienleistungen realisiert werden soll. Gleiches gilt auch für das Hochschulstudium auf dem „Graduate Level". So lässt sich etwa anknüpfend an die Untersuchung des erziehungswissenschaftlichen Studiums an britischen Hochschulen auf dem „Graduate Level" durch die Internet-Präsenz des Career Service „Graduate Prospects" für die „(Advanced) Educational Studies Programmes" festhalten, dass sich die jeweilige inhaltliche Schwerpunktsetzung unterscheidet und entsprechend nicht nur die Anzahl der zu absolvierenden Module, sondern auch die Bewertungsmethoden der Studienleistungen divergieren. Gleichzeitig unterscheiden sich auch die Zugangsvoraussetzungen zwischen den Hochschulen, da diese selbst darüber entscheiden, welche Studierenden mit welchen Qualifikationen zugelassen werden. Principiell ist im britischen Hochschulsystem die Durchführung von Eingangsprüfungen üblich (Ahrens 1998). Die Tatsache, dass sich die Studienangebote inhaltlich stark voneinander unterscheiden und die Hochschulen ihre Studierenden selbst mittels interinstitutionell variierender Hochschulzugangsvoraussetzungen auswählen, setzt der Hoffnung auf eine größere Vergleichbarkeit von Studienleistungen und eine damit verbundene höhere Mobilität enge Grenzen[33].

---

32 Von den existierenden Kredit-Punkte-Systemen in der internationalen Hochschullandschaft ist das ECTS nur eine Variante und unterscheidet sich etwa vom CATS in Großbritannien oder auch vom US-amerikanischen Kredit-Akkumulierungs-System. Gegenwärtig verfügen etwa zwei Drittel der EU- und EFTA-Staaten über solche Kreditpunkte-Systeme, die jedoch in den einzelnen Ländern unterschiedlich ausgestaltet sind und u.U. auch innerhalb eines Landes von Hochschule zu Hochschule variieren können.
33 Auch in den USA ist eine hochschuleigene Entscheidungsgewalt über die Zulassung der Studierenden zum Studium vorherrschend. So ist etwa das „High School Diploma" nach zwölfjährigem Schulbesuch keine Garantie für den Zugang zu den „Undergraduate Studies" an einer Hochschule; und zwar existieren weitere Zugangskriterien, wie z.B. der Nachweis guter Notendurchschnitte, „Class Ranks" (Klassenrangfolgen) und außeruniversitäre Aktivitäten. Solche von den Hochschulen selbst festgelegten Kriterien werden dann auch im Falle eines Hoch-

Wie die Tabelle 1 zeigt, hat der allgemeine Hochschulreformkurs auch das Fach Erziehungswissenschaft erreicht und wird die traditionelle Studienlandschaft von Grund auf verändern. Im Wintersemester 2005/2006 kann das Fach bereits auf sechs genuin erziehungswissenschaftliche und immerhin zehn spezialisiertere Bachelorstudiengänge verweisen. Hinzu kommen vier allgemein erziehungswissenschaftliche Masterstudiengänge sowie acht spezifischer ausgerichtete Angebote im Masterbereich. Zudem kann an neun Hochschulstandorten ein erziehungswissenschaftliches Bachelor- bzw. Masterstudium im Zweit- bzw. Nebenfach absolviert werden.

Tabelle 1: Stand der Studienreform im Hauptfach Erziehungswissenschaft

	Bachelor	Master	Bachelor Neben-/ Zweitfach	Diplom	Magister	Magister Neben-/ Zweitfach	Stand der Webseite
Augsburg (U)	-	-	-	X	X	X	15.06.2005
Bamberg (U)	-	-	-	X	-	X	21.01.2005
Berlin (FU)	X	-	-	A	A	A	30.06.2005
Berlin (HU)	X	X	X	X	X	-	*
Berlin (TU)	-	-	-	A	A	A	28.07.2005
Bielefeld (U)	-	-	X	X	A	A	03.06.2004
Bochum (U)	X	X	-	-M	A	A	28.07.2005
Braunschweig (TU)	X	-	X	A	A	A	28.01.2005
Bremen (U)	-	P	-	A	A	X	2005
Chemnitz (TU)	-	-	-	-M	X	X	03/2005
Darmstadt (TH)	-	-	-	-M	X	X	06/2005
Dortmund (U)	1	-	-	X	-	-	*
Dresden (TU)	-	2	-	X	A	A	14.07.2005
Duisburg (U GH)	-	-	-	X	A	A	11.07.2005
Düsseldorf (U)	-	P1	-	A	A	A	23.09.2004
Eichstätt (U)	-	-	-	X	X	X	18.07.2005
Erfurt (PH)	X3	X4	X	A	-	-	14.05.2004
Flensburg (U)	-	-	-	X	-	-	*
Frankfurt (U)	-	-	-	X	X	X	02.11.2004
Freiburg (PH)	-	-	-	X	-	-	27.07.2005
Gießen (U)	-	-	-	X	X	X	20.05.2005
Göttingen (U)	-	-	-	-M	X	X	13.07.2005
Hagen (U-GH)	11	-	-	-M	A	A	02/2005
Halle (U)	-	-	-	X	A	A	28.07.2005
Hamburg (U)	-	-	-	X	X	-	16.06.2005
Hannover (U)	5	5	-	A	A	A	13.07.2005
Heidelberg (U)	-	-	-	-M	X	X	23.05.2005
Hildesheim (U)	X6	6	-	A	-	-	2005
Jena (U)	-	-	-	-M	X	X	*
Kiel (U)	-	-	-	X	A	X	25.07.2005

schulwechsels herangezogen, so dass auch hier die Möglichkeiten eines Transfers von Studienleistungen deutlich begrenzt sind.

Koblenz-Landau (U)	-	-	-	X	-	X	08.03.2005
Köln (U)	P2	P2	-	A	A	A	28.07.2005
Leipzig (U)	-	-	-	-^M	X	X	25.07.2005
Ludwigsburg (PH)	-	12	X	A	-	-	04/2005
Lüneburg (U)	7&11	7&11	-	A	A	A	27.06.2005
Magdeburg (U)	8	-	-	-^M	X	X	28.06.2005
Mainz (U)	-	-	-	X	X	X	27.07.2005
Marburg (U)	-	-	-	X	-	X	09.05.2005
München (U)	-	-	-	-^M	X	X	15.07.2005
Münster (U)	-	-	-	X	A	A	2005
Oldenburg (U)	X13	P3	X	A	A	A	28.07.2005
Osnabrück (U)	-	X	X+MA	-	A	A	06.12.2004
Paderborn (U)	-	-	-	X	-	X	21.07.2005
Potsdam (U)	-	-	-	-^M	X	X	06.06.2005
Regensburg (U)	-	-	-	X	X	X	28.07.2005
Rostock (U)	-	-	X+MA	X	A	A	07.07.2005
Siegen (U-GH)	-	-	-	9	A	A	04.07.2005
Trier (U)	-	-	-	X	-	X	15.03.2004
Tübingen (U)	-	-	-	X	X	X	16.04.2004
Vechta (U)	10	14	-	A**	-	-	2005
Wuppertal (U-GH)	-	-	X	A	A	A	03.06.2005
Würzburg (U)	-	-	-	X	X	X	11.05.2004
Gesamt X	6+10	4+7	8+2MA	26	19	24	

X Angebot im Fach Erziehungswissenschaft, ohne Lehrerbildung
A auslaufend
P in Planung
* Webseite weist kein Aktualisierungsdatum auf
M bislang nur Magisterstudiengang
1 BA Rehabilitationspädagogik
2 MA Berufs- u. Erwachsenenpäd. in der internationalen Entwicklungsarbeit
3 BA Pädagogik der Kindheit
4 MA Bildungsmanagement
5 BA + MA Sonderpädagogik in Akkreditierungsphase
6 BA + MA Organisations- und Sozialpädagogik
7 Soz-Arb./Soz-Päd.
8 BA Medienbildung
9 Integrierter Studiengang Soz-Arb./Soz-Päd.
10 BA Soziale Arbeit
11 Bildungswissenschaft
12 MA Bildungsmanagement (Aufbaustudiengang)
13 Sonderpädagogik
14 Social Work
P1 In Planung befindet sich ein MA-Studiengang "Weiterbildung und Bildungsmanagement"
P2 Ab WS 2007/08 sollen BA- u. MA-Studiengänge die Diplom- u. Magisterstudiengänge ablösen.
P3 In Planung MA Pädagogik, MA Interkulturelle Bildung und Kommunikation
** Institutsseite enthält noch Diplomstudiengang (Stand 20.08.2004), im Uni-Gesamtangebot wird dieser nicht aufgeführt.

Quelle: Internetrecherche vom 28.07.2005

Verglichen mit den angelsächsischen Studienmodellen kündigt sich also auch hier eine Tendenz zu stärkerer Spezialisierung und Ausdifferenzierung der erziehungswissenschaftlichen Studienprofile an. Im Punkt 2 wurde bereits deutlich, dass sich in der britischen Hochschulausbildung vielfältige und flexible Studienangebote mit erziehungswissenschaftlicher Ausrichtung auf verschiedenen Qualifizierungsstufen ausmachen lassen. Gleiches gilt für die Studienrichtungen „Teacher Education" und „Social Work" der US-amerikanischen Hochschulausbildung. Diese hier aufgezeigte hohe Heterogenität durch plurale Studienangebote gründet sich auf die in diesen Staaten vorherrschenden marktgesteuerten und wettbewerbsorientierten Hochschulsysteme und deutet darauf hin, dass individuelle Studienbedürfnisse und aktuelle Arbeitsmarktanforderungen im Vergleich zur stärker generalisierteren deutschen erziehungswissenschaftlichen Hochschulausbildung größere Berücksichtigung finden.

Diese Feststellung ist für Deutschland nicht ohne einen Blick auf die bisherige Diskussion um den erziehungswissenschaftlichen Diplomstudiengang zu treffen. Einen Kernbereich der Kritik an der Hauptfachausbildung in der Erziehungswissenschaft stellte seit der Einführung des Diplomstudiengangs im Jahre 1969 dessen bundesweite strukturelle und inhaltliche Uneinheitlichkeit dar (vgl. etwa Vogel 1994; Rauschenbach 1994; Grunert 1999). Die Einführung der neuen gestuften Studiengänge erfolgte dann fächerübergreifend u.a. mit dem Ziel, eben jene immer wieder beklagte Intransparenz und Heterogenität der Ausbildungsprofile zu überwinden und die Leistungen der Studierenden nicht nur bundesweit, sondern auch international vergleichbar zu machen. Ein Mittel hierfür stellt etwa die Einführung eines verbindlichen Kerncurriculums für die Ausbildung im Fach Erziehungswissenschaft dar, wofür die DGfE (2004) einen Vorschlag vorgelegt hat, der sowohl in den bisherigen erziehungswissenschaftlichen Diplom- und Magisterstudiengängen als auch in den neuen Bachelor- und Masterangeboten Anwendung finden könnte und der gleichzeitig Empfehlungen für eine mögliche Bewertung mit Leistungspunkten beinhaltet. Soll es nämlich Ziel sein, Studienleistungen auch hochschulübergreifend einer Anerkennung zuzuführen, dann reicht eine hochschulinterne Einigung auf bestimmte Studienmodule mit Sicherheit nicht aus. Vielmehr bedarf es hier neben einer Verständigung über ein einheitliches Bewertungssystem (Leistungspunkte) auch einer inhaltlichen Grundlage, wie sie im diskutierten Kerncurriculum ihren Niederschlag finden könnte. Hierfür sind die „Vorbilder" aus dem angelsächsischen Raum jedoch kaum geeignet, da auch dort kaum eine hochschulübergreifende inhaltliche Abstimmung anzutreffen ist.

Betrachtet man die momentane Situation im Fach Erziehungswissenschaft, dann weist die Ausdifferenzierung der Studienprofile deutlich auf eine Zunahme von Heterogenität und Spezialisierung hin, ohne dass sich ein einheitlicher Kern in den unterschiedlichen Studiengängen erkennen lässt. So wählen nur einige Hochschulen noch ein übergreifenderes Konzept und labeln ihren Studiengang mit dem Etikett „Erziehungswissenschaft". Aber bereits die Mehrzahl der bislang existierenden erziehungswissenschaftlichen Bachelor- und Masterstudiengänge orientieren auf spezifische Ausschnitte aus dem breiten Spektrum erziehungswissenschaftlicher und pädagogischer Problemstellungen. In erster Linie lässt sich dabei eine Konzentration auf die bisherigen Studienrichtungen des erziehungswissenschaftlichen Diplomstudiengangs erkennen, wie „Sozialpädagogik/Soziale Arbeit" oder „Sonderpädagogik/Rehabilitationspädagogik". Zudem entstehen aber auch neue Studienmodelle, wie im Bachelor-Bereich etwa „Pädagogik der Kindheit" in Erfurt, „Medienbildung" in Magdeburg oder „Bildungswissenschaft" in Hagen und Lüneburg.

Unabhängig von der konkreten inhaltlichen Ausgestaltung der in diesen Studiengängen angebotenen Grundmodule, wird bereits in dieser knappen Zusammenschau der Entwicklung in den erziehungswissenschaftlichen Studienangeboten deutlich, dass diese bisher kaum zu mehr Übersichtlichkeit und inhaltlicher Grundabstimmung beitragen. Vielmehr scheint sich durch diese Reformmaßnahmen, die kaum in hochschulübergreifenden Konzepten münden, die Heterogenität zwischen den erziehungswissenschaftlichen Studienangeboten noch weiter zu verschärfen.

Auch an den Fachhochschulen hat in den letzten Jahren eine massive Reforminitiative eingesetzt, so dass auch hier die Einführung neuer erziehungswissenschaftlich orientierter Studiengangsstrukturen in vollem Gange ist. Betrachtet man das Studienangebot der Fachhochschulen zum Wintersemester 2005/2006 (vgl. Tab. 2), zeigt sich ein sehr heterogenes Bild möglicher Studienabschlüsse.

So sind zum einen die klassischen Diplomstudiengänge (FH) noch in der Mehrzahl und lassen in ihren unterschiedlichen Abschlussbezeichnungen auch die seit langem geführte Debatte um die differenten Berufsbezeichnungen Diplom-Sozialarbeiter (FH) oder Diplom-Sozialpädagoge (FH) erkennen (Seeling 2004). Jedoch scheint sich bis heute die Studiengangsbezeichnung „Soziale Arbeit", die mit dem Diplom-Sozialarbeiter (FH) abschließt, mehrheitlich durchgesetzt zu haben, da immerhin an 32 Fachhochschulstandorten dieser Studiengang angeboten wird. Die Entwicklung im Bachelor-Bereich zeigt zudem deutlich eine Ausdifferenzierung, die über die Diskussion um die Richtungen Sozialarbeit und Sozialpädagogik hinausgeht und weitere Studienmöglichkeiten eröffnet. Der Überblick macht deutlich, dass sich dies in erster Linie als Entwicklung an Einzelstandorten darstellt. Damit scheint sich ebenso wie in den erziehungswissenschaftlichen Hauptfachstudiengängen an den Universitäten ein Trend zu einer zunehmenden Ausdifferenzierung und Spezialisierung der Studiengänge abzuzeichnen. Noch weitaus deutlicher wird diese Tendenz an den Fachhochschulen im Bereich der möglichen Masterabschlüsse. Hier findet sich eine Kumulation ähnlicher Abschlüsse allenfalls noch auf dem Gebiet des Sozialmanagements, während sich alle anderen 20 Studiengänge mehrheitlich in unterschiedlichen Spezialisierungen auf die einzelnen Fachhochschulen verteilen (vgl. Tabelle 2).

Die sich im Rahmen des Bachelor-Master-Reformprozesses innerhalb des Fachs Erziehungswissenschaft abzeichnende Steigerung der Heterogenität durch Diversifizierung und Spezialisierung des Studienangebotes verweist auf einen mit demselben gekoppelten hochschulsektorinternen Profilbildungsprozess.

Damit eröffnen sich Chancen zur Schaffung inhaltlich spezialisierter Studienangebote einerseits und generalistisch angelegter Studiengänge andererseits.

Tabelle 2: Aktuelle Studienmöglichkeiten an Fachhochschulen in Deutschland

	Studiengang*	Standorte	davon in kirchlicher Trägerschaft
Diplom	Sozialpädagogik	6	1
	Sozialarbeit	4	
	Sozialpädagogik/ Sozialarbeit	5	3
	Sozialwesen	7	3
	Soziale Arbeit	32	6
		54	13
Bachelor	Angewandte Kindheitswissenschaften	1	
	Bildungs- und Sozialmanagement mit Schwerpunkt frühe Kindheit	1	
	Elementarpädagogik	1	1
	Erziehung und Bildung im Kindesalter	1	
	Frühpädagogik, integrative	1	
	Kultur- und Medienpädagogik	2	
	Soziale Arbeit	16	3
		23	4
Master	Erwachsenenbildung	1	1
	Klinische Sozialarbeit	3	1
	Management im Sozial- und Gesundheitswesen	2	
	Management sozialer Dienstleistungen	1	
	Social Work	3	1
	Sozialarbeit	1	1
	Soziale Arbeit	2	
	Soziale Arbeit als Menschenrechtsprofession	2	1
	Soziale Arbeit - Gesundheitsförderung und Rehabilitation	1	
	Soziale Arbeit in der Psychiatrie	1	
	Soziale Arbeit im internationalen und sozialräumlichen Kontext	1	
	Sozialmanagement	8	4
	Sozialwesen	1	1
	Suchthilfe	1	1
		28	11

* Die aufgezeigten Studiengänge können an den einzelnen Standorten parallel existieren.
Quelle: Hochschulkompass 2005

Die britischen erziehungswissenschaftlich ausgerichteten bzw. US-amerikanischen erziehungswissenschaftliche Studienanteile beinhaltenden Hochschulausbildungsprogramme zeigen die grundlegende Tendenz einer allgemeineren Hochschulausbildung auf der Bachelor-Ebene und einer stärker spezialisierten Hochschulausbildung auf der Master-Ebene. Dies macht deutlich, dass die vertikale Stufung des Studiums die Diskrepanz zwischen einer universalistischen und einer spezialisierten erziehungswissenschaftlichen Hochschulausbildung auflösen könnte, wenn auch in der deutschen Hochschulausbildung erziehungswissenschaftliche Bachelorstudiengänge primär universalistisch (geringere fachwissenschaftliche Vertiefung) und erziehungswissenschaftliche Masterstudiengänge stärker auf Spezialisierung (höhere fachwissenschaftliche Vertiefung) angelegt würden.

Allerdings bleibt hier die Problematik der notwendigen Berufsqualifizierung bereits im Bachelor-Bereich weiterhin bestehen und bedarf einer für die künftigen Absolventen angemessenen Lösung. Ein einfaches Auflösen der bisherigen Grund- und Hauptstudiumsstruktur an den Universitäten auf die Bachelor- und Master-Ebene wäre dabei keineswegs ein gangbarer Weg. Zudem besteht im Zuge einer zunehmenden Spezialisierung, die sich an aktuellen Arbeitsmarktbedürfnissen orientiert, auch die Gefahr, schnelllebigen Trends aufzusitzen, die den Absolventen kaum eine langfristige Perspektive eröffnen können.

5. Ausblick

Zieht man vor dem Hintergrund des Gesagten eine Bilanz, dann muss zunächst festgehalten werden, dass sich die Etablierung neuer gestufter Studiengänge vor dem Hintergrund eines völlig ungeklärten Verhältnisses zwischen Fachhochschulen und Universitäten abzeichnet. Hier weisen alle Zeichen auf ein zunehmendes Verschwimmen der Grenzen zwischen beiden Ausbildungsebenen hin, das sich durchaus auf die zukünftige Hochschul- und wohl auch Arbeitsmarktstruktur in Deutschland auswirken könnte. Denn, wenn beide Gleiches tun, könnte irgendwann auch die Notwendigkeit eines dualen Ausbildungsangebotes zur Disposition stehen. Wer dann die Oberhand behält, könnte dann weniger von der Qualität als vielmehr von finanziellen Aspekten abhängen und dies sowohl aus der staatlichen als auch der Arbeitgeberperspektive.

Zudem offenbart sich die mit der Studienreform angestrebte nationale und auch internationale Anschlussfähigkeit bei den bisher vorgelegten Bachelor- und Mastermodellen im Fach Erziehungswissenschaft kaum. Gleichwohl kommt im Zuge des mit der Einführung der neuen Graduierungssysteme verbundenen Modularisierungszwangs neue Bewegung in die seit langem geführte Debatte um ein Kerncurriculum im Fach Erziehungswissenschaft. Die Auseinandersetzung damit scheint jedoch jede Hochschule auf ihre Weise und ohne eine übergreifende Verständigung zu tun – eine Entwicklung, die der bisherigen Heterogenität der Studieninhalte nichts entgegenzusetzen hat, sondern diese eher noch verschärft.

Damit einher geht eine zunehmende Ausdifferenzierung und Spezialisierung von Studienprofilen und Studieninhalten, die nicht mehr ein eher generalistisch angelegtes, disziplinbezogenes Studium zum Ziel haben, sondern der aktuellen Diversifikation der beruflichen Handlungsprofile in der pädagogischen Praxis Rechnung tragen – eine Tendenz, die sich noch deutlicher als an den Universitäten an den Fachhochschulen nachzeichnen lässt, so dass „sich in der Berufsszene wie in der Ausbildungslandschaft zunehmend eine Fragmentierung professioneller Sozialer Arbeit" (Wendt 2002, 814) und pädagogischer Arbeit im Allgemeinen ausmachen lässt.

Damit zeichnet sich eine Entwicklung ab, die durch die quasi Gleichstellung von Universitäten und Fachhochschulen unterstützt wird. Ein vergleichbarer Prozess hat auch in Großbritannien stattgefunden. Hier existierten neben den Universitäten und Colleges die sog. „Polytechnics", die Ähnlichkeiten mit deutschen Fachhochschulen aufwiesen, ohne sie vollends mit ihnen vergleichen zu können. Mit dem Inkrafttreten des Hochschulgesetzes von 1992 („Further and Higher Education Act"), haben sich aus den „Polytechnics" die Colleges of Higher Education entwickelt, die sich nun gleichfalls als „Universitäten" bezeichnen können und oft akademische Studiengänge anbieten, die zu gleichwertigen Abschlüssen wie universitäre Studiengänge führen (Ahrens 1998; DAAD 1995). Aufgrund dieser Gleichstellung von Universitäten und den Colleges of Higher Education kommt es zunehmend zu einer Ausdifferenzierung und Spezialisierung von Studienangeboten – eine Entwicklung, die auch in Deutschland unter dem Stichwort „Profilbildung" diskutiert wird. Diese „Profilbildung" durch wachsende Konkurrenz ist sicher eine Seite der Entwicklung, die andere Seite stellt die zunehmende Heterogenität und die Gefahr einer vom aktuellen Markt abhängigen Studienlandschaft dar.

Dabei geschieht die Einführung der neuen Graduierungssysteme bereits jetzt in einem Maße, das einen verantwortungsvollen Umgang mit den Berufsbiographien der Studierenden vermissen lässt. Denn anstatt die ersten Modellversuche bis zur Berufseinmündung der ersten AbsolventInnen abzuwarten, erleben wir eine flächendeckende Einführung der neuen Studiengänge, gänzlich ohne nach deren Akzeptanz auf dem Arbeitsmarkt zu fragen und die Ergebnisse einer notwendigen Evaluation abzuwarten. Zudem erscheint vor dem Hintergrund der angelsächsischen Entwicklung die Forderung nach einer Erleichterung studentischer Mobilität aufgrund einheitlicher Bewertungssysteme kaum einlösbar, da die sich abzeichnende innerdeutsche und internationale Heterogenität der Studienangebote sowie die in den angelsächsischen Ländern vorherrschende

Praxis der hochschulinternen Studierendenauswahl diesem Anliegen enge Grenzen setzen.

Die momentane Situation mit ihren ungeklärten Fragen bzgl. der Auswirkungen der Studienreform (Arbeitsmarktakzeptanz; Differenz zur Fachhochschule; Gefahr der zunehmenden Heterogenität) scheint keinesfalls reif für eine Verabschiedung bewährter Studienmodelle. So ist insbesondere der Diplomstudiengang Erziehungswissenschaft zwar nicht frei jeglicher Reformbedürftigkeit, kann jedoch als etabliertes und anerkanntes Studienprofil charakterisiert werden. Zudem besteht für die Hochschulen bereits jetzt die Möglichkeit, ihren Absolventen die Gleichwertigkeit von Master-Abschlüssen und Diplom- bzw. Magister-Abschlüssen zu bescheinigen. Studienzeitverkürzung, Senkung der Studienabbruchquoten und internationale Anschlussfähigkeit sind damit sicher Reformaspekte, deren Bearbeitung jedoch nicht zwangsläufig an die Einführung gestufter Studiengänge gebunden ist. Es spricht Einiges dafür, die neuen Studiengänge zunächst intensiv zu erproben, ohne damit eine voreilige Abschaffung der etablierten Studienangebote heraufzubeschwören.

Werden die neuen Graduierungssysteme dennoch eingeführt, ist prinzipiell zu betonen, dass die Vorteile der traditionellen deutschen erziehungswissenschaftlichen Hochschulausbildung, im Kontext der Bachelor-Master-Reform keinesfalls aufgegeben werden sollten. So weist etwa die britische und US-amerikanische Hochschulausbildung auf dem „Undergraduate Level" einen hohen Verschulungsgrad mit vergleichsweise geringem Anteil an forschendem Lernen auf. Mit dem Übergang zum Bachelor-Master-Modell sollte einer solch starken Verschulung der ersten Studienphase weitgehend vorgebeugt werden, besteht doch in dem für die traditionelle deutsche Hochschulausbildung charakteristischen Prinzip des selbstbestimmten Studierens ein den spezifischen Eigenwert derselben hervorhebender Vorzug. Auch in diesem Punkt ließe sich dann eine Annäherung zwischen Fachhochschulen und Universitäten entdecken. Daneben stehen britische bzw. US-amerikanische Hochschulausbildungsverhältnisse wie hohe Studiengebühren und die zunehmende Privatisierung und Kommerzialisierung der Vermittlung von Wissen und der Forschung im Kontrast zur klassischen deutschen Hochschulausbildung. Auch wenn sich hieraus rasche Lösungen für die kritische Finanzsituation der deutschen Hochschulen ergeben könnten, erhöht sich damit sowohl die Gefahr einer sozialen Selektion der Studierenden als auch einer Interessenabhängigkeit von Forschung und Lehre. Im Wesentlichen muss es im Kontext der Bachelor-Master-Reform innerhalb des deutschen Fachs Erziehungswissenschaft auf eigene Studiengangsentwicklungen ankommen, die einer einseitigen Annäherung an angelsächsisch geprägte Hochschulsysteme entgehen. Allein im Interesse der internationalen Anerkennung der im Zuge der Reform neu in die Erziehungswissenschaft eingeführten Abschlussgrade müssen deutlich die Vorzüge der deutschen erziehungswissenschaftlichen Hochschulausbildung im Vergleich zu der anderer Länder herausgearbeitet und in die Curricula von Bachelor- und Masterstudiengängen aufgenommen werden. So ließen sich etwa durch die Betonung des Eigenwertes eines erziehungswissenschaftlichen Bachelor- bzw. Masterabschlusses „Made in Germany" (Schnitzer 1998, 27) Vorbehalte ausländischer Hochschulen gegenüber denselben abbauen.[34] Allerdings stellt sich dann gleichzeitig die Frage, ob sich dies nicht besser im Rahmen einer Modernisierung und Profilierung der alten Diplom-Studiengänge realisieren lässt.

Literatur

AGCAS/Graduate Prospects (2005): Your Masters...what next? Special Interest Series 2005. (http://www.prospects.ac.uk/downloads/sis/booklets/masters_degree.pdf, Zugriff: 15.09.2005).

Ahrens, R. (1998): Zwischen Tradition und Erneuerung: Bildungssystem und berufliche Ausbildung. In: H. Kastendiek, K. Rohe, A. Volle (Hrsg.): Länderbericht Großbritannien. Bonn: BpB 1998, 523-542.

Andrew, M.D. (1990): Differences Between Graduates of 4-Year and 5-Year Teacher Preparation Programs. In: Journal of Teacher Education, Volume 41, Number 2 (March–April). Theme: Restructuring Teacher Education, 45-51.

Böllert, K./Nieke, W. (2002): Qualifikationsprofil: Diplom-PädagogIn. In: H.-G. Otto, Th. Rauschenbach, P. Vogel (Hrsg.): Erziehungswissenschaft: Professionalität und Kompetenz. Opladen: Leske + Budrich, 65-77.

Braun, U. (1999): Bildungswesen und Hochschulsystem. In: Dies.: Studienführer USA, Kanada. Hrsg. v. DAAD. Bielefeld: Bertelsmann, 14-28.

DAAD (1995): Das Studium im Vereinigten Königreich. In: Ders.: Studienführer Vereinigtes Königreich Großbritannien und Nordirland. Bonn: DAAD. 17-20.

Deutsche Gesellschaft für Erziehungswissenschaft (2004): Kerncurriculum für das Hauptfachstudium Erziehungswissenschaft vom 31.01.2004.

Dichanz, H. (1991): Lehrerausbildung – Lehreransehen. In: Ders.: Schulen in den USA. Einheit und Vielfalt in einem flexiblen Schulsystem. Weinheim/München: Juventa Verlag, 143-159.

Feiman-Nemser, S. (1990): Teacher Preparation: Structural and Conceptual Alternatives. In: W.R. Houston, M. Habermann, J. Sikula (Eds.): Handbook of Research on Tea-

---

34 Insbesondere hinsichtlich des deutschen Bachelorabschlusses lassen Stimmen aus dem Ausland Vorbehalte verlauten. Bei den US-amerikanischen Hochschulen herrscht z.B. dahingehend Verunsicherung, was ein deutscher Bachelor tatsächlich wert ist. Und auch innerhalb Europas scheint es Hindernisse zu geben. So haben die britischen Hochschulen im Jahr 2003 verkündet, den deutschen Bachelorabschluss nicht fraglos anzuerkennen (Hinrichs/Koch 2004, 136).

cher Education. A Project of the Association of Teacher Educators. New York/ London: Macmillan Publishing Company, 212-233.
Gebhardt, J. (2001): Einleitung: Jenseits von Humboldt – Amerika? In: H. Breinig, J. Gebhardt, B. Ostendorf : Das deutsche und das amerikanische Hochschulsystem. Bildungskonzepte und Wissenschaftspolitik. Münster: LIT Verlag, 1-22.
Grunert, C. (2004): Diplom/Magister oder BA/MA? Zur Zukunft erziehungswissenschaftlicher Hauptfachstudiengänge. In: H.-H. Krüger, Th. Rauschenbach (Hrsg.): Pädagogen in Studium und Beruf. Empirische Bilanzen und Zukunftsperspektiven. Wiesbaden: Verlag für Sozialwissenschaften, 261-275.
Grunert, C. (1999): Vom Pionier zum Diplom-Pädagogen. Opladen: Leske + Budrich.
Helsper, W./Kolbe, F.U. (2002): Bachelor/Master in der Lehrerbildung – Potential für Innovation oder ihre Verhinderung? In: Zeitschrift für Erziehungswissenschaft, 5. Jg., H. 3, 384-400.
Hinrichs, P./Koch, J. (2004): Siegeszug des Turbo-Studiums. In: Der Spiegel 29/2004 (12. Juli 2004), 134-136.
HRK (2005): HRK-Hochschulkompass. www.hochschulkompass.hrk.de. Zugriff: 05.08.2005.
HRK (2003): HRK-Hochschulkompass. www.hochschulkompass.hrk.de. Zugriff: 12.08.2003
HRK (1998): Empfehlungen zur Lehrerbildung. Entschließung des 186. Plenums vom 2. November 1998 (http://www.hrk.de/de/beschluesse/109_447.php, Zugriff: 19.04.2005).
IMK – Innenministerkonferenz/KMK – Kultusministerkonferenz (2002): Vereinbarung „Zugang zu den Laufbahnen des höheren Dienstes durch Masterabschluss an Fachhochschulen". Beschluss der Innenministerkonferenz vom 06.06.2002 und der Kultusministerkonferenz vom 24.05.2002.
Jahn, H. (1998): Flexibilisierung von Studiengängen durch gestufte Abschlüsse. In: Dies., J.-H. Olbertz (Hrsg.): Neue Stufen – alte Hürden? Weinheim: Deutscher Studien Verlag.
KMK – Kultusministerkonferenz (1997): Stärkung der internationalen Wettbewerbsfähigkeit des Studienstandortes Deutschland. Bericht der Kultusministerkonferenz an die Ministerpräsidentenkonferenz zu den Umsetzungsmaßnahmen. Bonn 23./24. Oktober.
KMK (2000): Realisierung der Ziele der „Bologna-Erklärung" in Deutschland – Sachstandsdarstellung. Beschluss der Kultusministerkonferenz vom 10.11.2000. (http://www.kmk.org/doc/beschl/bologna.pdf; Zugriff: 05.07.2005).
Keedy, J.L. (1999): Angelsächsische Graduierungsmodelle. In: Dies.: In Stufen zum Ziel. Zur Einführung von Bachelor- und Master-Graden an deutschen Universitäten. Stuttgart u.a.: Raabe, 17-26.
Knapp, J.L./McNergney, R.F./Herbert, J.M./York, H.L. (1990): Should a Master's Degree Be Required of All Teachers? In: Journal of Teacher Education, Volume 41, Number 2 (March–April). Theme: Restructuring Teacher Education, 27-37.
Krüger, H.-H./Rauschenbach, Th. (2003): Diplomiert in die Zukunft? In: Erziehungswissenschaft, 14, H. 27, 23-30.
List, J. (1994): Das Hochschulwesen in Großbritannien. In: Dies.: Hochschulen in Europa. Hochschulstrukturen und Berufschancen von Akademikern in Frankreich, Großbritannien und Italien. Beiträge zur Gesellschafts- und Bildungspolitik. Köln: Deutscher Instituts-Verlag, 29-48.

List, J. (1998): Studien- und Forschungsaufenthalte von Ausländern in anderen Ländern. Vereinigte Staaten von Amerika. In: Dies.: Lehr- und Forschungsstandort Deutschland. Köln: Deutscher-Instituts-Verlag.

Littmann, U. (1992): Das amerikanische Hochschulwesen. In: Ders.: Studienführer Vereinigte Staaten von Amerika. Erw. und überarb. Neuauflage. Bonn: DAAD, 10-23.

Löwer, W. (1998): Danaer-Geschenk für Studenten? Bachelor- und Masterstudiengänge an den Universitäten. In: Forschung & Lehre, 10, 509-511.

Oelerich, G. (2001): Gestufte Studienstruktur in der Erziehungswissenschaft. Zur Einführung von neuen Studiengängen. In: Der pädagogische Blick, 9, H. 3, 165-182.

Rauschenbach, Th. (1994): Ausbildung und Arbeitsmarkt für ErziehungswissenschaftlerInnen. In: H.-H. Krüger, Th. Rauschenbach: Erziehungswissenschaft. Die Disziplin am Beginn einer neuen Epoche. Weinheim/München: Juventa Verlag, 275-294.

Rothfuß, A.M. (1997): Institutionelle Merkmale der Hochschulsysteme in den USA und in Deutschland. In: Ders.: Hochschulen in den USA und in Deutschland. Ein Vergleich aus ökonomischer Sicht. Baden-Baden: Nomos Verlagsgesellschaft, 40-73.

Schnitzer, K. (1998): Bachelor- und Masterstudiengänge im Ausland. Vergleich der Systembedingungen gestufter Abschlüsse. Hannover: HIS. (http://www.his.de/Service/Publikationen/Kia/pdf/Kia/kia199803.pdf, Zugriff: 14.3.2005).

Seeling, C. (2004): Homogenisierte Vielfalt. Diplomierte SozialpädagogInnen auf dem Arbeitsmarkt. In: H.-H. Krüger, Th. Rauschenbach (Hrsg.): Pädagogen im Studium und Beruf. Empirische Bilanzen und Zukunftsperspektiven. Wiesbaden: VS Verlag, 131-158.

U.S. Department of Labor (Hrsg.) (2005b): Occupational Outlook Handbook 2004-2005: Social Workers. (http://www.bls.gov/oco/pdf/ocos069.pdf, Zugriff: 09.05.2005).

Unger, H.G. (1996): Encyclopedia of American Education. Volume II, F-Q. New York: Facts On File, Inc.

Vogel, P. (1994): Klassifikationsprobleme als Ausdruck des defizitären Charakters der Erziehungswissenschaft. In: K.-P. Horn, L. Wigger (Hrsg.): Systematiken und Klassifikationen in der Erziehungswissenschaft. Weinheim: Deutscher Studien Verlag, 371-387.

Wendt, W.R. (2002): Vom Helfertraining zum Hochschulgrad – Grundlinien der Ausbildungsgeschichte. In: W. Thole (Hrsg.): Grundriss Soziale Arbeit – Ein einführendes Handbuch. Opladen: VS Verlag, 799-816.

http://ces.hull.ac.uk/courses/BAEducationalStudies.html (Zugriff: 07.05.2005).
http://curry.edschool.virginia.edu/sped/mt.html (Zugriff: 16.09.2005).
http://en.wikipedia.org/wiki/Higher_Diploma (Zugriff: 15.09.2005).
http://en.wikipedia.org/wiki/Master's_degree (Zugriff: 16.09.2005).
http://iussw.iupui.edu/handbooks/bswhandbookappendixd.htm (Zugriff: 06.05.2005).
http://www.bbc.co.uk/learning/returning/qualcollapps/qualifications/intro_05.shtml (Zugriff: 15.09.2005).
http://www.britishcouncil.de/d/education/study2.htm (Zugriff: 15.09.2005).
http://www.hochschulkompass.de (Zugriff: 16.05.2005).
http://www.ifos.de/anabin/scripts/frmAbschlusstyp1.asp?ID=1627 (Zugriff: 15.09.2005).
http://www.ifos.de/anabin/scripts/frmGlossar.asp?ID=1335 (Zugriff: 15.09.2005).

http://www.ifos.de/anabin/scripts/SelectLand.asp?SuchLand=3&MyURL=lstAbschluss.asp (Zugriff: 05.05.2005).
http://www.keele.ac.uk/undergraduate/prospectus/2005/education.htm (Zugriff: 07.05.2005).
http://www.lancs.ac.uk/fss/edres/study/undergrad/eds.htm (Zugriff: 08.05.2005).
http://www.naswnys.org/faq-d.html (Zugriff: 06.05.2005).
http://www.naswdc.org/credentials/default.asp. (Zugriff: 06.05.2005).
http://www.nyu.edu/socialwork/cs-msw-policy-statements.html#5 (Zugriff: 06.05.2005).
http://www.prospects.ac.uk/cms/ShowPage/Home_page/About_us/Who_are_Graduate_Prospects_/p!egijdk (Zugriff: 05.05.2005).
http://www.prospects.ac.uk/cms/ShowPage/Home_page/Search_courses_and_research/p!eacge (Zugriff: 08.05.2005).
http://www.prospects.ac.uk/cms/ShowPage/Home_page/Your_Masters_what_next_/Further_study/p!empjbiF;$3F8$D (Zugriff: 15.09.2005).
http://www.ucas.ac.uk (Zugriff: 07.05.2005).
http://www.ucas.com/search/index05.html (Zugriff: 07.05.2005).
http://www.york.ac.uk/depts/educ/ugrad/careers.htm (Zugriff: 07.05.2005).
http://www.york.ac.uk/depts/educ/ugrad/Modules2001.htm (Zugriff: 07.05.2005).
http://www.york.ac.uk/depts/educ/ugrad/welcome.html (Zugriff: 07.05.2005).
http://www.wetfeet.com/asp/careerprofiles_req.asp?careerpk=39. (Zugriff: 07.05.2005).

Erziehungswissenschaften auf dem Weg zur Globalisierung: Hochschullehrer und Studenten im Vergleich zwischen Großbritannien und Deutschland

Rosalind M. O. Pritchard

Problemformulierung

Die Restrukturierung höherer Bildungssysteme unter Berücksichtigung marktwirtschaftlicher Prinzipien ist in den westlichen Ländern zu einem fast universalen Trend geworden. Es ist Ziel des vorliegenden Artikels, einen Vergleich anzustellen, wie sich Einstellungen und Werte bei britischem und deutschem Lehrpersonal und bei den Studierenden im Hinblick auf finanzielle Sparmaßnahmen und neoliberale Einflüsse im höheren Bildungswesen möglicherweise ändern. Die Auswahl der Länder Großbritannien (GB) und Deutschland (BRD) lässt sich aus historischen Gründen rechtfertigen: In einer Untersuchung „der Idee der Idee" einer Universität stellte Rothblatt (1997, 2) fest: „Der Blick zurück trifft immer auf zwei sture Traditionen einer Idealisierung der Universität, die erste ist die englische, die zweite ist die deutsche"; an anderem Ort bezieht er sich auf „den sicheren Glauben an eine einzige, anregende wesentliche ‚Idee' einer Universität, wie sie auf verschiedene Art in den idealisierten philosophischen Traditionen des romantischen England und Deutschland vertreten ist".

Globalisierung ist ein Phänomen, das zu den traditionellen Werten des höheren Bildungswesens ein gespanntes Verhältnis besitzt, da es mit der Orientierung an marktwirtschaftlichen Prinzipien verbunden ist. Der Markt funktioniert durch die Wechselwirkung von Lieferung und Nachfrage, die in einer freien Marktwirtschaft den Preis und die Bereitstellung von Ressourcen bestimmt (Bannock et al. 1972/1992). In Bezug auf den öffentlichen Sektor bedeutet das: Wahl, Konkurrenz und institutionelle Differenzierung. Der Einsatz von neoliberalen Konzepten führt zu einer Deregulierung des Marktes, der Lösung oder Hebung von grenzüberschreitenden Kontrollen und der Befreiung von Beschränkungen, die von Regierungen auferlegt wurden, um eine offene, grenzenlose Weltwirtschaft zu schaffen, die zu internationaler wirtschaftlicher Integration führt (Baumann 1998, 15f.). In einem System, das stark vom Neoliberalismus bestimmt wird, werden Institutionen von Konkurrenz getrieben, und das Wohlfahrtswesen wird zur Verantwortung des Einzelnen anstatt der Verantwortung des Staates (Heywood 1998, 96). Dieses Muster wird in immer stärkerem Maße auf Sektoren des öffentlichen Lebens übertragen, einschließlich der Schulen und Universitäten, bei denen traditionelle Werte des Bildungssystems von einem marktorientierten Regime der Vermassung, Bewertung, Akkreditierung und Qualitätssicherung beeinflusst werden – alles Dinge, die im Zusammenhang mit sinkenden Staatsmitteln für das höhere Bildungswesen zu finden sind. Die Position Deutschlands und des Vereinigten Königreichs würde sich dabei an unterschiedlichen Punkten eines Entwicklungskontinuums von „stärker marktorientiert" (GB) bis „weniger marktorientiert" (BRD) befinden.

Die Rolle, die innerhalb der Globalisierungstheorie dem Staat zukommt, ist für einen Vergleich im höheren Bildungswesen von besonderer Bedeutung. In der Tat bemerken Slaughter und Leslie (1997, 24, 61) in ihrer Studie zum akademischen Kapitalismus, dass „Systemeffekte" so bedeutend sein können, dass in der Hochschul-Bildungspolitik Zugang, Lehrplan und Forschungsautonomie von Fakultäten und Institutionen konvergieren und behauptet wird, dass sich dieses Konvergieren am besten durch Globalisierung erklären lässt. Weiterhin wird behauptet, dass sich die öffentlichen Universitäten der meisten westlichen Länder einem akademischen Kapitalismus annähern und „von denselben Marktkräften getrieben und gezogen werden, die in den Englisch sprechenden Ländern vorhanden sind". In diesem Fall würde das historische Produkt eines nationalen Bildungssystems seine Funktion in einer neuen Ordnung praktisch verlieren. Scholte (2000) glaubt, dass das traditionelle Modell einer Staatsherrschaft, die keiner anderen Autorität verantwortlich ist, überholt ist, und dass es im Rahmen einer Globalisierung „post-souverän" werden wird. Wenn er recht hat, würde dies ein Konvergieren von Bildungsstrukturen und Kulturen bedeuten und eine Entwicklung zu größerer Homogenität.

Im Gegensatz dazu behaupten Wissenschaftler wie Beck (2000, 104, 108), Fisher und Rubenson (1998, 79), dass der Staat unentbehrlich sei, nicht nur aus geopolitischen Gründen, sondern auch, um grundlegende Rechte zu wahren und dem Globalisierungsprozess durch transnationale Regulierung politisches Format zu geben. Sie glauben, dass ein starker Staat notwendig sei, wenn auch nur, um Ressourcen von der Wohlfahrt zu lösen und den Markt zu befreien. Auch Green (1997) stimmt der Idee der Konvergenz nicht zu. Er meint, dass im Westen eine Doppelbewegung von kulturellem Partikularismus und dominierenden Kulturen besteht, die den Anschein einer „internationalen kulturellen Homogenisierung hat …, aber zu einer unendlichen Anzahl von kulturellen Hybriden und Mischungen führt". Er behauptet, dass Globalisierung auf der gegenwärtigen und zukünftigen Rolle des Nationalstaates als politischem Gebilde beruht und dass „Nationalstaaten die eigentlichen Bausteine internationaler Governance sind" (ebd., 163, 165). Konvergenz sollte aber nicht unbedingt als eine Bewegung *zur*

Globalisierung verstanden werden, sie könnte auch in die *entgegengesetzte* Richtung führen. Es sollte daher bei einer Diskussion über Konvergenz nicht automatisch davon ausgegangnen werden, dass sie in die Richtung von akademischem Kapitalismus führt.

Der vorliegende Artikel beruht auf der Annahme, dass die Einführung marktwirtschaftlicher Prinzipien innerhalb eines Systems gewisse vorhersehbare Effekte besitzt, wie einen Trend zur Privatisierung, Qualitätssicherung und exekutiver Leitung von Universitäten. Wie weit wird dies von Akademikern akzeptiert? Wie haben Marktwerte und Marktorientierung die institutionelle Kultur und die Erfahrung von Akademikern und Studenten beeinflusst? Bei einer Annäherung der Werte würden in jedem System ähnliche Ansichten bestehen. Wenn dies nicht der Fall sein sollte, müsste festgestellt werden, warum Unterschiede bestehen. Die folgenden Bereiche werden in diesem Beitrag untersucht: menschliche Beziehungen (die Einheit von Lehrenden und Lernenden), die Einheit von Forschung und Unterricht, liberale Bildung und Materialismus, Zufriedenheit bei Studenten und Lehrkörper, exekutive Leitung und Unternehmertum.

1. Plan und Methodologie

Die dieser Studie zugrunde liegende Forschung war sowohl quantitativ als auch qualitativ. Die Autorin führte Interviews mit Hochschullehrern von jeweils 12 Universitäten in Großbritannien und Deutschland. Im Rahmen dieser Interviews wurden die Hochschullehrer gebeten, Fragebögen auszufüllen. Fragebögen wurden auch an Studenten ausgegeben, gewöhnlich während oder am Ende einer Lehrveranstaltung, um eine hohe Rücklaufquote zu erreichen. In der Tat füllten alle darum gebetenen Personen die Fragebögen aus. Pilotstudien hatten ergeben, dass, wenn Einzelpersonen angesprochen und ihnen Umschläge zur Rücksendung der Fragebögen gegeben wurden, die Ergebnisse äußerst dürftig und unbrauchbar waren. Der persönliche Kontakt war bei Hochschullehrern auch aus dem Grund nützlich, als er dem Interviewer erlaubte, eine zielgerichtete Auswahl zu treffen, die Einzelnen zu kontaktieren und Termine mit ihnen zu vereinbaren. Die Arbeit war zeitaufwändig, stellte aber eine gute Rücklaufquote sicher. Die Zahl der nicht beantworteten Fragebögen kann in akademischen Institutionen beträchtlich sein, wie eine Carnegie-Studie akademischer Berufe zeigte (Enders/Teichler 1996), die für Deutschland eine Beantwortungsrate von 28% aufwies. An der gegenwärtigen Studie nahmen in Großbritannien 87 Personen teil und 82 in Deutschland sowie 1489 Studenten in Großbritannien und 986 in Deutschland. Der Anteil der Geschlechter unter den Studenten war in jedem Land drei Viertel weiblich und knapp ein Viertel männlich (einige Studenten gaben ihr Geschlecht nicht an). Von den angesprochenen Hochschullehrern verweigerte niemand ein Interview, einige weigerten sich allerdings, den zusätzlichen Fragebogen auszufüllen. Da in jedem Land eine Stichprobe von 90 gezogen wurde, war die Beantwortungsrate bei denen, die am Interview teilnahmen und den Fragebogen ausfüllten 96% in Großbritannien und 91% in Deutschland. Die Forschungsstudie wandte sich an den Lehrkörper und die Studenten von erziehungswissenschaftlichen Fakultäten. Dreiviertel der Studierenden sowohl in Deutschland als auch in Großbritannien absolvierten ein auf Lehramt ausgerichtetes Studium und ein Viertel ein mit Pädagogik verbundenes Studium für eine Vielfalt anderer Berufe (z.b. Verwaltung, Sozialberufe, Pädagogische Psychologie oder in Deutschland „Sozialpädagogik"). Der Hintergrund des Lehrpersonals war unterschiedlich: Es gehörten dazu viele Akademiker mit gehobenem Status und einem internationalen Ruf auf ihrem Gebiet. Die Fragebögen bestanden hauptsächlich aus Feststellungen, die durch die Kalkulierung von Häufigkeit und Prozenten analysiert wurden. Die Kategorien „stimme absolut zu/stimme zu" und „stimme dagegen/stimme absolut dagegen" wurden normalerweise miteinander verbunden, um die Berichterstattung in dem vorliegenden Beitrag zu vereinfachen. Die Fragebögen enthielten eine Anzahl von „Spiegelfragen" mit ähnlichen oder gleichartigen Fragen, um die Auffassung, die Lehrpersonal und Studenten voneinander oder von einem gemeinsamen Phänomen haben, herauszufinden. Beide Gruppen wurden als Teile eines gemeinsamen Rollenpaares angesehen (Biddle/Thomas 1966). Die Tatsache, dass das Projekt in erziehungswissenschaftlichen Fakultäten durchgeführt wurde, sollte bei einer Interpretation der Ergebnisse im Auge behalten werden. Disziplinen wie Medizin oder Physik könnten ein anderes Profil aufweisen. Innerhalb der Erziehungswissenschaften werden viele (wenn auch nicht alle) Studenten eine praktische Karriere verfolgen, und es ist zu erwarten, dass dies ihre Antworten beeinflusst.

2. Die Einheit von Lehrenden und Lernenden

In Großbritannien wie in Deutschland wurde im 19. Jahrhundert bewusst eine Ideologie für Universitäten formuliert, als neue Institutionen wie die Katholische Universität in Irland (das spätere University College Dublin) von Paul Cullen und John Henry Newman und die Universität in Berlin von Wilhelm von Humboldt und Kollegen (Anrich 1956) gegründet wurden. Die Idee einer Gemeinschaft von Wissenschaftlern bestand in Britannien wie in Deutschland, wenn auch auf unterschiedliche Weise. In Britannien beruhte sie auf der Tradition der aus ehemaligen Klöstern entstandenen Colleges der bedeutendsten Universitäten (z.B. Oxford und Cambridge) und wurde als Ideal verallgemeinert, das über diese höheren Bildungsinstitutionen hinausging (Rothblatt 1968). Innerhalb des Humboldtschen Ethos wurden Professoren und Studenten dem Wissen gegenüber als gleichwertig angesehen, da dies nie zum „Eigentum" werden kann und niemand ein Monopol darauf hat. Dies ist im Wesentlichen ein demokratischer Begriff und eine Manifestierung der Idee der „Einheit von Lehrenden und Lernenden", auf dem traditionsgemäß das deutsche Universitäts-Ethos beruht (Schelsky 1963). Trow (1974, 57) behauptet, dass die Vermassung der höheren Bildung „... den Verlust des engen Lehrverhältnisses zwischen Fakultätsmitgliedern und Studenten" bedeutet. Aus diesem Grund wurden die folgenden Fragen gestellt:

- Frage 1: Wie weit sind menschliche Beziehungen für Studenten und Lehrkörper innerhalb ihrer höheren Bildungsinstitutionen von Bedeutung?
- Frage 2: Wie fügt sich akademisches Engagement in die soziale Beziehungsebene ein?

2.1 Menschliche Beziehungen im akademischen Bereich

Tabelle 1: Einheit von Lehrenden und Lernenden

Aussagen	Land	stimme zu	nicht sicher	stimme nicht zu	Chi-quadrat
Studenten: Ein gutes Verhältnis zu meinen Hochschullehrern ist mir sehr wichtig	GB	67,1	27,0	5,9	p.= .000
	BRD	37,2	34,8	28,0	
Hochschullehrer: Die persönliche Seite meines Verhältnisses zu den StudentInnen ist mir sehr wichtig	GB	97,7	1,1	1,1	p.= .020
	BRD	86,3	10,0	3,8	
Studenten: Die meisten meiner Hochschullehrer bemühen sich um ein gutes Verhältnis zu den Studierenden	GB	68,8	23,8	7,4	p.= .000
	BRD	19,6	33,2	47,2	
Studenten: Ich würde meine Hochschullehrer nie über persönliche Angelegenheiten zu Rate ziehen	GB	36,0	29,2	34,8	p.= .000
	BRD	57,0	19,6	23,4	
Hochschullehrer: Meine Studenten erzählen mir manchmal ihre persönlichen Probleme	GB	92,0	3,4	4,6	p.= .003
	BRD	71,6	12,3	16,0	

Anm.: Aussagen in Prozent

Tabelle 1 zeigt, dass den Lehrkräften die menschliche Beziehung wichtiger ist als den Studenten und dass die britischen Studenten viel größeren Wert darauf legen, dass sich ihre Hochschullehrer im zwischenmenschlichen Bereich Mühe geben, als dies die deutschen Studenten erwarten. Obwohl in beiden Ländern ein hoher Prozentsatz an Hochschullehrern behauptet, dass sich Studenten mit persönlichen Problemen an sie wenden, bestreitet dies mehr als die Hälfte der deutschen Studenten. Es ist klar, dass sich die deutschen Akademiker um ihre Studenten *tatsächlich* kümmern: 86% betrachten die Beziehung als „sehr wichtig". Andererseits bestreitet fast die Hälfte der Studenten, dass die Lehrkräfte versuchen, „mit ihnen ein gutes Verhältnis" zu haben. Der gute Wille der Lehrenden wird von den Lernenden in Deutschland offensichtlich nicht wahrgenommen

2.2 Akademisches Engagement und menschliche Beziehungen

In Tabelle 2 werden die Vorstellungen von Hochschullehrern und Studenten über ihr Rollenverhältnis weiter untersucht. Überraschenderweise sind es die britischen Studenten, die stärker als die deutschen zustimmen, dass sie und ihre Hochschullehrer „gemeinsam das Wissen suchen", obwohl man diesen typisch Humboldtschen Gedanken eher bei dessen Landsleuten erwartet hätte. Eine etwas größere Anzahl der deutschen Studenten bestreitet, dass sie genügend Kontaktmöglichkeiten hätten, wenn sie Hilfestellung aus akademischen Gründen benötigen, und gut die Hälfte – im Vergleich zu drei Vierteln der britischen Studenten – bestätigt, dass die Universität ein guter Ort ist, wenn man andere, akademisch interessierte Menschen kennen lernen möchte. Dieser Punkt sollte untersuchen, in welchem Maße die Universität als Gemeinschaft gesehen wird.

Tabelle 2: Akademisches Engagement und menschliche Beziehungen

Aussagen/Studenten	Land	stimme zu	nicht sicher	stimme nicht zu	Chi-quadrat
Ich habe Zugang zu meinen Hochschullehrern, wenn ich meine akademische Arbeit besprechen möchte	GB	64,4	26,2	9,0	p.= .011
	BRD	60,6	26,5	12,8	
Es wird manchmal behauptet, dass Hochschullehrer und Studenten das Wissen gemeinsam suchen. Wie stehen Sie dazu?	GB	57,0	34,1	8,9	p.= .000
	BRD	21,0	37,3	41,7	
Die Universität ist ein guter Ort, um Menschen die mir ähnlich sind, kennen zu lernen	GB	75,1	19,3	5,6	p.= .000
	BRD	51,1	30,8	18,1	

Anm.: Aussagen in Prozent

3. Einheit von Forschung und Lehre

Schon lange bevor es in Großbritannien allgemein akzeptiert wurde, gab es in Deutschland die Forschungs-Universität. Die „Einheit von Forschung und Lehre" ist Teil der Humboldtschen Ideologie und besagt, dass Professoren die Ergebnisse ihrer Forschung direkt in der Lehre verwenden sollten. Gellert (1993, 10) weist darauf hin, dass von Studenten beim Examen erwartet wird, dass sie ihr Fach völlig meistern und dass sie dadurch „befähigt sind, Forschungsarbeiten auszuführen". Das traditionelle Programm schließt daher eine Einführung in die Forschung mit ein. Traditionsgemäß ist es den Professoren sehr wichtig, den wissenschaftlichen Nachwuchs durch die Förderung von Forschung zu sichern, auch um die Aufrechterhaltung des akademischen Betriebs für die Zukunft zu sichern. Als Newman (1852) noch in den Anfängen war, sein Konzept der Universität zu entwickeln, hat er die Forschung als Kernaufgabe der Universität abgelehnt, gab aber später zu, dass zwischen Forschung und Lehre keine feste Demarkationslinie gezogen werden könnte.

In einer stärker marktorientierten Welt wird es unter Umständen nicht mehr möglich sein, Studenten in die Prinzipien und das Ethos der Forschung einzuführen. Obwohl nicht alle Studenten, die an der vorliegenden Studie teilnahmen, die Absicht hatten, sich als Lehrer zu qualifizieren, mussten diejenigen, die dies wollten, Lehrplanrichtlinien folgen, nach denen sie den Großteil ihrer Zeit in Schulen verbringen mussten anstatt in der Universität. Wilkin (1996, 146) bemerkt, „... für die Thatcher Regierung schafft Theorie innerhalb der Ausbildung zum Lehrer Leistungsschwäche". Es wurde von den neo-liberalen Reformatoren behauptet, dass der Theoretiker das Marktverhältnis zwischen dem Produzenten der Lehre (dem Professor) und dem Verbraucher (dem Studenten) stört. Diese Voreingenommenheit gegen Theorie reduziert bei höheren Bildungsinstitutionen die Möglichkeit, Lehramtsanwärter während ihrer Ausbildung zur Forschung hinzuführen, und es ist möglich, dass die Aufmerksamkeit der Studenten von eventuellen Forschungsinteressen und den theoretischen Aspekten ihres Faches abgewendet wird. Im Hinblick darauf wurde die folgende Frage gestellt:

- Frage 3: Wie positiv ist die Einstellung der Studenten zur Forschung?

Da die deutsche Universität ursprünglich eine „Forschungs-Universität" war, könnte es überraschen, aus Tabelle 3 zu entnehmen, dass ein beträchtlich höherer Prozentsatz von britischen als von deutschen Studenten behauptet, dass ihr Kurs ihnen eine Einführung in die Forschung bietet, dass sie ein weiteres höheres Studium verfolgen möchten, und dass sie sich von einer akademischen Laufbahn angezogen fühlen. In beiden Ländern hat eine hohe Anzahl der Studenten bedeutendes Interesse für ihr Fach. Mehr als 60% der deutschen Studenten (aber nur

11% der britischen Studenten) glauben, dass ihre Dozenten stärkeres Interesse für ihre Forschungsarbeiten haben als für die Lehre, obwohl dies nicht mit der Wirklichkeit übereinstimmt: Eine größere Anzahl der *britischen* Dozenten bestätigt, dass Forschung für sie von größerer Bedeutung ist als Lehre (vielleicht auf Grund der staatlich unterstützten Forschungs-Bewertung/Research Assessment Exercise), dies ist aber lediglich im Vergleich mit ihren deutschen Kollegen so. Die Mehrheit der Hochschullehrer wies die Idee zurück, dass Forschung gegenüber Lehre den Vorrang hat, und das betraf insbesondere Deutschland. Es gab allerdings Vorbehalte von Seiten des britischen Lehrkörpers hinsichtlich des akademischen Gleichgewichts ihrer Kursprogramme. In Beantwortung der landesspezifischen Aussage (nicht tabellarisch dargestellt) „manchmal glaube ich, dass unsere Studenten intellektuell nicht genügend herausgefordert werden" stimmten fast 54% der Lehrenden zu und 45% glaubten, dass es bei britischen Lehrerausbildungskursen an akademischem Inhalt mangele.

Tabelle 3: Einstellung zur Forschung

Aussagen	Land	stimme zu	nicht sicher	stimme nicht zu	Chi-quadrat
Studenten: Mein Studium gibt mir eine Einführung in die Forschung	GB	43,4	33,4	23,2	p.= .004
	BRD	39,9	30,9	29,2	
Studenten: Später möchte ich eine Doktorarbeit oder sonstige Forschung unternehmen	GB	31,0	24,9	44,0	p.= .000
	BRD	22,9	24,6	52,5	
Studenten: Meine Hochschullehrer haben mehr Interesse für ihre Forschung als für die Lehre	GB	11,3	27,1	61,6	p.= .000
	BRD	61,9	30,4	7,7	
Hochschullehrer: Forschung ist für mich wichtiger als Lehre	GB	23,0	6,9	70,1	p.= .000
	BRD	16,3	32,5	51,3	
Studenten: Später möchte ich selbst Hochschullehrer/in werden	GB	21,5	22,1	56,4	p.= .000
	BRD	9,6	16,7	73,7	
Studenten: Ich interessiere mich sehr für mein Fach (oder meine Fächer)	GB	86,5	11,8	1,7	p.= .000
	BRD	80,1	16,0	3,9	

Anm.: Aussagen in Prozent

4. Liberale Bildung und Instrumentalismus

Die Deutschen wie auch die Briten haben auf Grund ihrer traditionellen Einstellung zur Hochschulbildung hinsichtlich des Nützlichkeitswertes als ausschließlichem Ziel der höheren Bildung Bedenken. So ist nach Newman (1852, 93) Wissen ein „Geisteszustand; ... es gibt Wissen, das einen Schatz an sich darstellt, obwohl es zu nichts weiter führt, als zu diesem Wert an sich, und der ausreichende Lohn nach Jahren der Arbeit ist". Gellert (1993, 35) behauptet, dass die intellektuelle Funktion des Lernens in England „immer ein Teil der umfassenderen Funktion war, die Persönlichkeit eines Menschen zu verbessern". In der deutschen Universität dagegen besaß das Intellektuelle von jeher größere Bedeutung. Die Universität in Berlin war die erste in der Welt, in der Forschung und nicht Lehre als erste Pflicht der Professoren galt (Liedmann 1993). Trotzdem wurde die intellektuelle Orientierung von dem deutschen Anliegen nach *Bildung* gemäßigt. Dies bedeutet die Formung der inneren Kräfte des Menschen in Auseinandersetzung mit der sozialen und kulturellen Umwelt, wobei „das wirkliche Ziel des Menschen ... die höchste und proportional beste Entwicklung aller seiner Fähigkeiten ist, um so eine Ganzheit seines Selbst zu erringen" (Cowan 1963, 142).

In einem höheren Bildungssystem, das dem Einfluss von Marktkräften unterliegt, könnte der ursprüngliche Zweck der Förderung des Wissens jedoch zu einem Dienen der Wirtschaft werden. Von der Universität wird erwartet, dass sie eine treibende Kraft zur Schaffung von Wohlstand ist, anstatt eine Möglichkeit zur Forschung nach „Wahrheit", was dem postmodernen Begriff nach sowieso als anfechtbar angesehen wird. Soziale Nützlichkeit wird so zum Kriterium der Wertschätzung (Henkel 1999, 13; Välimaa 1999, 24). Lyotard (1984) behauptet, dass sich der Status des Wissens ändert, jetzt, da Universitäten in die postindustrielle Welt eintreten. Wissen ist nicht länger ein unabdingbares Element zur Geistesbildung, sondern ist dem Prinzip der Performanz untergeordnet, mit dem Ergebnis, dass gesamte Systeme performativem Verhalten geweiht werden (Cowen 1996). Unter diesen Bedingungen könnte man erwarten, dass die Einstellung von Studenten instrumentalisiert und Karriereerwartungen materialistischer werden. Die Lehrerausbildung ist, was eine solche Änderung betrifft, ganz besonders anfällig, da sie notwendigerweise das *Tun* (die Darstellung) wie auch das *Wissen* mit einbezieht. In Hinsicht auf diese Betrachtungen können die folgenden Fragen gestellt werden:

- Frage 4: Welche relative Bedeutung messen die Studenten und der Lehrkörper der intellektuellen und persönlichen Bildung zu?
- Frage 5: In welchem Maße haben Studenten eine materialistische Haltung zu ihrem Kurs?

4.1 Intellektuelle und persönliche Bildung

Tabelle 4 zeigt, dass ein höherer Prozentsatz britischer Dozenten wie auch Studenten bestätigt, dass es der Hauptzweck der Universität ist, ihre intellektuelle

Entwicklung zu fördern. Ein wesentlich höherer Prozentsatz der Studenten findet seinen Kurs anregend und herausfordernd. Ein höherer Prozentsatz deutscher Dozenten und Studenten erwartet *vor allem*, dass das Studium die menschliche Entwicklung fördert. Das beweist, dass die persönliche Entwicklung für die Mehrheit der Studenten, insbesondere in der BRD, von Bedeutung ist, dass aber die britischen Dozenten und Studenten eine größere intellektuelle Orientierung haben (obwohl das die Frage erhebt, was mit dem Begriff „Wissen" gemeint ist – was später behandelt werden wird).

Tabelle 4: Einstellungen zur persönlichen und intellektuellen Entwicklung

Aussagen	Land	stimme zu	nicht sicher	stimme nicht zu	Chi-quadrat
Studenten: Die Universität ist hauptsächlich dazu da, mich intellektuell und nicht emotional zu entwickeln	GB	39,5	32,3	28,1	p.= .000
	BRD	23,5	28,9	47,7	
Hochschullehrer: Die Hochschule existiert, um mich intellektuell weiter zu bringen, nicht emotional o. persönlich	GB	35,6	8,0	56,3	p.= .224
	BRD	26,3	15,0	58,8	
Studenten: Was ich vor allem von der Universität erwarte ist, dass sie meine persönliche Entwicklung befördern soll	GB	50,7	38,6	10,7	p.= .000
	BRD	58,2	27,9	13,8	
Hochschullehrer: Was ich vor allem von der Universität erwarte, ist die persönliche Entwicklung der Studenten	GB	17,4	15,1	67,4	p.= .000
	BRD	48,1	30,9	21,0	
Studenten: Ich finde das Studium anregend und herausfordernd	GB	77,4	16,8	5,9	p.= .000
	BRD	55,5	29,9	14,6	

Anm.: Aussagen in Prozent

4.2 Materialistische Werte

Bei der vorliegenden Umfrage (Tabelle 5) zeigten sich die britischen Studenten in stärkerem Maße materialistisch orientiert als ihre kontinentalen Kollegen: Sie sind viel mehr daran orientiert, nach ihrem Abschluss hohe Gehälter zu erhalten, und 43% sind sehr ungeduldig, die Universität zu verlassen und Geld zu verdienen. Die Deutschen zeigen andererseits ein größeres Interesse für gesellschaftlich nützliche Arbeit: 80% der Befragten halten diese für wichtig oder sehr wichtig, im Vergleich mit den britischen Befragten, bei denen es 74% waren.

Tabelle 5: Instrumentale Orientierung von Studenten

Aussagen/Studenten	Land	stimme zu	nicht sicher	stimme nicht zu	Chi-quadrat
Ein hohes Einkommen im späteren Beruf ist mir wichtig	GB	49,4	32,3	18,3	p.= .000
	BRD	34,5	38,8	26,8	
Mir ist es wichtig, später im Beruf etwas Nützliches für die Allgemeinheit zu tun	GB	73,9	20,7	5,3	p.= .001
	BRD	80,4	15,8	3,8	
Ich warte ungeduldig darauf, dass ich die Hochschule verlassen und Geld verdienen kann	GB	43,4	32,6	24,0	p.= .000
	BRD	30,1	24,7	45,2	

Anm.: Aussagen in Prozent

5. Zufriedenheitsrate bei Lehrkörper und Studenten

In einem marktwirtschaftlich orientierten System werden Studenten als Kunden angesehen, die ihre Universität auf Grund von Informationen und der Bewertung in Ranking-Tabellen, die die Qualität von Unterricht und Forschung darstellen, wählen können. Barnes (1999, 188) glaubt, dass die Bedürfnisse der Studenten in einem Marktsystem viel ernster genommen werden. In den USA, die bei europäischen Reformen oft als Modell dienen, wird viel Geld dafür verwendet, das Leben und die Arbeit in den Universitäten so angenehm wie möglich zu gestalten und eine gute Lebensqualität sicherzustellen. Der Meinung von höheren Bildungsinstitutionen nach führt eine positive Erfahrung später, nach dem Verlassen der Universität, zur Unterstützung durch die *Alumni*. Dies stärkt das Marktmodell weiter, indem Gelder aus privaten Quellen einfließen und so die Abhängigkeit vom Staat verringert wird, wenn hartes Geld weich wird (Clark 2004, 67). Zufriedenheit mit ihrer Universität ist offensichtlich ein bedeutender Faktor, wenn die Studenten bei Beginn ihrer beruflichen Karriere um Unterstützung für ihre *Alma Mater* gebeten werden. Im Hinblick auf diese Überlegungen kann die folgende Frage gestellt werden:

- Frage 6: Wie zufrieden sind Studenten mit ihren Kursen?

5.1 Zufriedenheit der Studenten mit ihren Kursen

Gemäß Tabelle 6 sind Studenten in Großbritannien viel zufriedener mit ihrer Ausbildung als die deutschen Studenten. Fast 92% beurteilen ihren Kurs mit gut oder sehr gut, im Vergleich mit 62% der deutschen Studenten. Es scheint, dass das am Kunden orientierte System seinen Teilnehmern größere Zufriedenheit bietet.

Tabelle 6: Zusammenfassung der studentischen Beurteilung von Zufriedenheit

Wie würden Sie die Gesamtqualität Ihrer Hochschulbildung einschätzen?	GB	BRD
sehr gut	41,4	2,5
gut	50,2	59,8
mäßig	7,4	33,0
nicht sehr gut	0,6	2,6
ehrlich gesagt, nicht zufrieden stellend	0,4	2,1
gesamt	100	100

Anm.: Aussagen in Prozent

Auf offene Fragen hin meinten die deutschen Studenten, dass es in ihrem Programm ein bedeutendes Praxis-Defizit gäbe und dass sie sich ein besseres Verhältnis mit ihren Fakultäten wünschten:
- Praxis, Praxis, Praxis; nicht jeder Student ist ein Akademiker *in spe*.
- Dozenten sollten in den Schulen praktische Arbeit ausführen und sollten alle paar Jahre sechs Monate lang unterrichten.
- Es sollte zwischen den Universitäten und Fakultäten größere Zusammenarbeit geben.

Aus Abbildung 1 (siehe nächste Seite) ist ersichtlich, dass, im Vergleich mit den deutschen Studenten, britische Studenten in größerem Maße zur Universität ihrer ersten Wahl zugelassen wurden, dass sie darauf stolz waren und glaubten, dass deren guter Ruf ihnen helfen würde, im späteren Leben Erfolg zu erringen. Trotz dieses hohen Prozentsatzes waren nur 14% der britischen Studenten dazu bereit, ihre Alma Mater finanziell zu unterstützen. Selbstverständlich muss in Großbritannien – ganz abgesehen von Deutschland – noch viel getan werden, um die Loyalität zur Institution mit einer Spendenkultur zu verbinden, wie sie in den USA besteht.

5.2 Zufriedenheit der Hochschullehrer

Marktkräfte beeinflussen Lehrkräfte genau so wie Studenten, und es ist von Belang, auch bei Dozenten den Grad der Zufriedenheit zu erfragen. Die folgende Frage kann gestellt werden:

- Frage 7: Besteht zwischen dem Grad der Zufriedenheit von Studenten und Dozenten ein umgekehrtes Verhältnis?

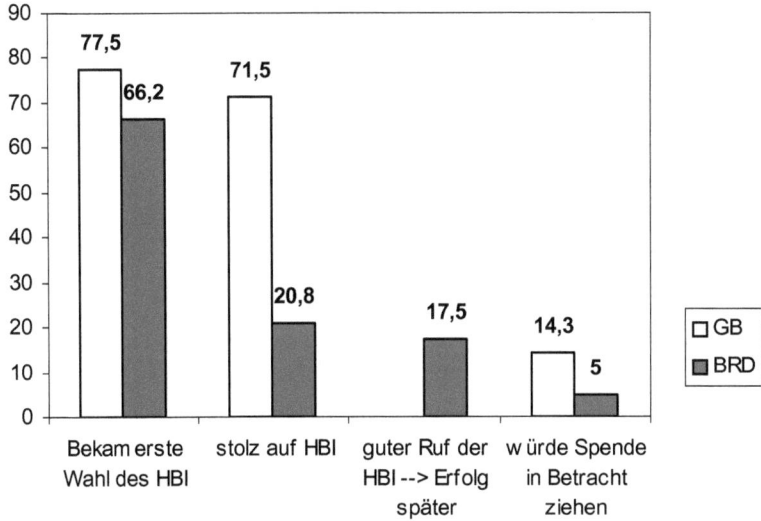

Abbildung 1: Begeisterung der Studenten für ihre Universitäten

Abbildung 2 zeigt, dass britische Akademiker viel unzufriedener mit ihrem Gehalt und ihrem Status sind als die deutschen. Sie sind davon überzeugt, dass sie einen besseren Status verdienen und dass sie für ihre Arbeit nicht genügend bezahlt werden.

Abbildung 3 zeigt, dass die Briten sich als überlastet und gestresst empfinden und dass sie sich durch die Anforderung der Qualitätssicherung und der damit verbundenen Verwaltungsarbeit in stärkerem Maße belastet fühlen als ihre deutschen Kollegen.

Abbildung 4 zeigt, dass nur wenige Akademiker der beiden Systeme wirklich ungern lehren. Die Briten meinen allerdings, dass sie mehr Zeit für Forschungsarbeiten haben müssten. Ein leicht höherer Prozentsatz der Briten in diesem Modell hält Forschung für wichtiger als Unterricht.

Beide Systeme zeigen ein hohes Verantwortungsbewusstsein gegenüber dem Unterrichten: Nur ein Fünftel in jedem Land würde sich weniger Lehre wünschen. Die Briten sind aber stärker überzeugt als ihre Kollegen vom europäischen Kontinent, dass ihre Studenten mit der Qualität des Unterrichts zufrieden sind. Insbesondere auf der Seite der Deutschen besteht Skeptik über die Bewertung des Unterrichts als Mittel zu dessen Verbesserung (*Abbildung 5*).

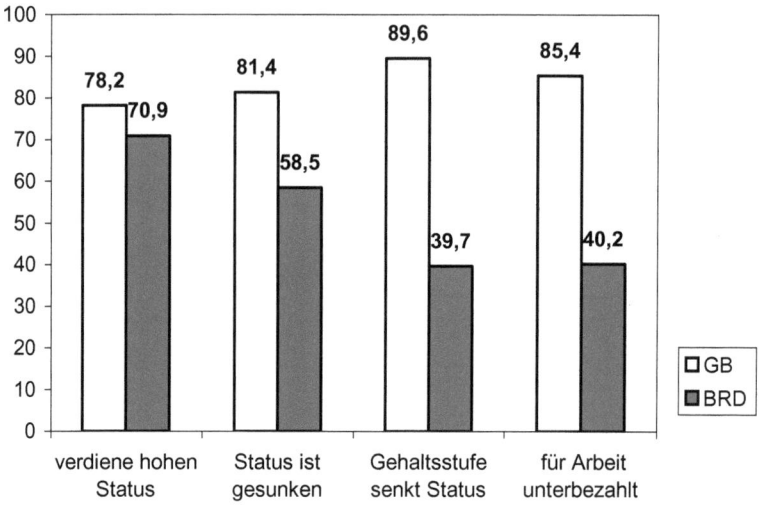

Abbildung 2: Einstellung der Akademiker zum Status

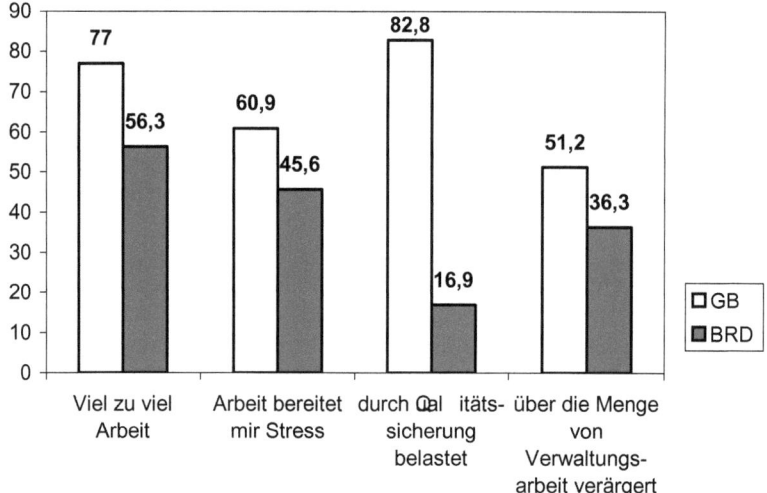

Abbildung 3: Einstellung zur Arbeit

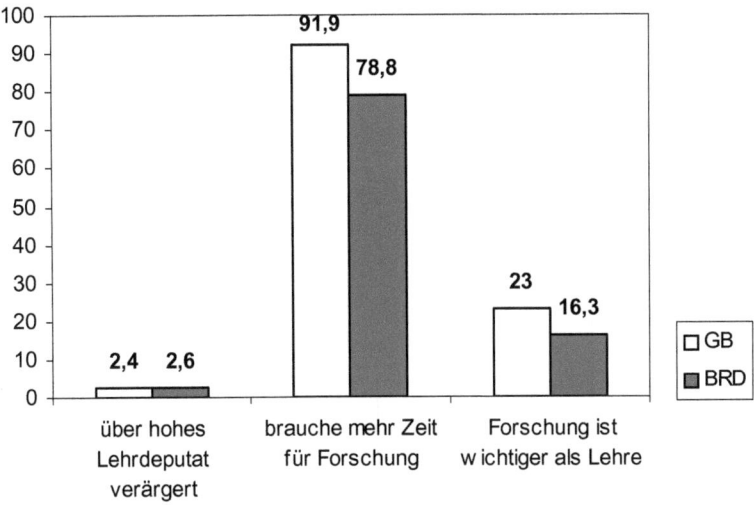

Abbildung 4: Einstellung zu akademischen Aufgaben

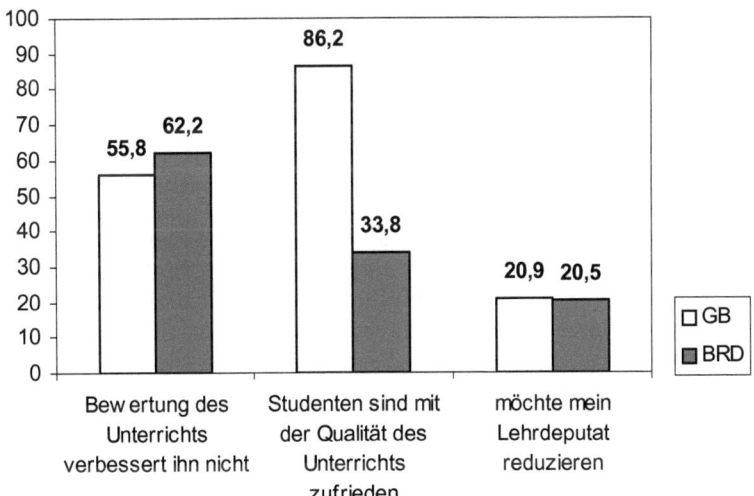

Abbildung 5: Einstellung zur Lehre

In beiden Ländern meinen Akademiker (≥86%), dass ein Mangel an finanziellen Ressourcen die gute Funktionsfähigkeit ihrer höheren Bildungsinstitute hindert, und insbesondere in Deutschland glaubt man, dass es an genügend akademischen Lehrkräften mangelt.

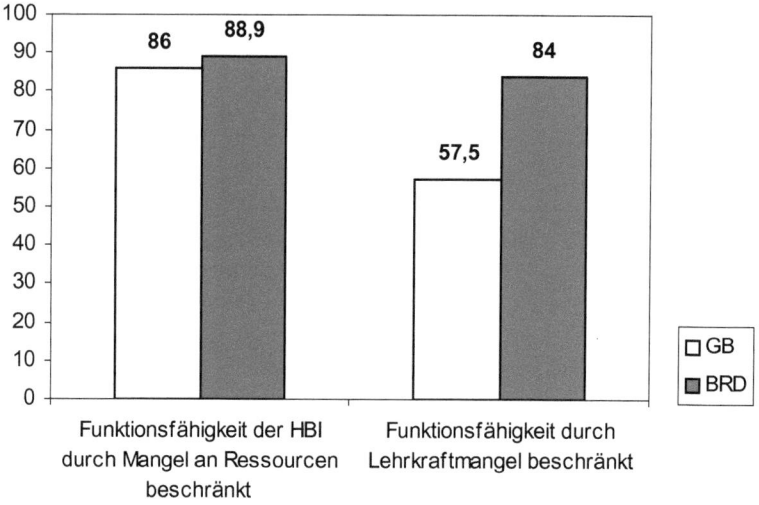

Abbildung 6: Ansicht der Hochschullehrer zum Mangel an Ressourcen

Zusammengefasst scheint die Antwort auf Frage 7 wie folgt zu sein: Die britischen Studenten sind in vieler Hinsicht zufriedener als ihre deutschen Kollegen, das Gegenteil ist bei den britischen Dozenten der Fall. Im Hinblick auf Status, Gehalt, Überarbeitung, Stress und Überlastung durch Qualitätssicherung und die Bürde von Verwaltungsaufgaben sind die britischen Hochschullehrer viel weniger zufrieden als die deutschen. Es kann daraus geschlossen werden, dass Dozenten und Studenten hinsichtlich der Zufriedenheit in einem marktwirtschaftlich orientierten Bildungssystem in der Tat in einem umgekehrten Verhältnis zueinander stehen. Gründe dafür werden in der Zusammenfassung behandelt werden.

Offene Antworten:

Aber auch die deutschen Akademiker haben zu klagen: Sie finden, dass das traditionelle Ethos ihrer Universitäten verloren geht. Es wurde ihnen die Frage gestellt, was in beruflicher Hinsicht ihre Hauptsorgen oder Bedenken wären; an oberster Stelle standen „persönliche Sorgen". Dazu gehörten z.B. die folgenden Punkte:

Meine größten beruflichen Sorgen sind:
- Der Kampf aller gegen alle um Ressourcen.
- Die Tatsache, dass dieser unsinnige Kampf mich derart einnimmt, dass ich es kaum schaffe, etwas wirklich Wichtiges zu tun.
- Ich befinde mich im letzten Viertel meines beruflichen Lebens und ich bin überwältigt von Arbeiten, die an sich nicht übertrieben sind, die ich aber kaum schaffen kann.
- Die Frage, ob meine Leistungen einen annehmbaren Standard haben.
- Das Schrumpfen meines persönlichen und gesellschaftlichen Lebens auf Grund der ungeheuren Arbeitslast.

Das sind freimütige Zugeständnisse, die sich mit dem Gefühl vereinigen, dass die Universität, so wie man sie kannte, verschwindet:
- Der kritische Aspekt von Wissenschaft (Wissen und akademisches Gelehrtentum) geht mehr und mehr zugunsten einer kommerziellen oder kapitalistischen Orientierung verloren; akademische Bildung wird zu kurzsichtiger beruflicher Ausbildung.
- Leistungen, die nicht vermarktet werden können, sind bei den Universitäten nicht mehr gefragt: z.B. die Zusammenarbeit mit und Unterstützung von Schulen und Lehrern.
- Akademische Freiheit geht verloren.
- Höhere Bildung bedeutet jetzt berufliche Ausbildung, die persönliche Entwicklung geht verloren.
- Auf Grund von administrativem Druck wird die grundlegende professorale Aufgabe, die Vermittlung zwischen Wissen und Fertigkeiten auf der Grundlage von Forschungsergebnissen, eingeschränkt.
- Die Universität wird durch politische Aktionen zerstört.

Sie sind sich bewusst, dass das Ende einer Epoche gekommen ist und dass ein neues Zeitalter anbricht, dem sie ohne Enthusiasmus entgegensehen: das Zeitalter der Marktorientierung im höheren Bildungswesen.

Das Element „persönliche Sorgen" fehlte in den Antworten der britischen Dozenten völlig. Die größten Sorgen sind bei ihnen organisatorischer Art: Sie sorgen sich über Dinge wie „verschwenderische Prüfungskultur", „schlechtes Management und schlechte Motivation", „akademische Feigheit der Institution", „Mangel an theoretischem Input in die Ausbildung von Lehrern", „die schlechte

Qualität der pädagogischen Forschung in diesem Land", „das Problem, sich ihre eigene Vision der Pädagogik angesichts der Ideologie der Regierung zu erhalten", „die Vernachlässigung wichtiger Dinge wie Familie und Beziehungen". Was den Deutschen am meisten Spaß macht, ist die „Arbeit mit den Studenten", was ihre in diesem Beitrag bereits erwähnte positive Haltung Studenten und Unterricht gegenüber unterstreicht. Die Briten andererseits haben mehr Freude am „Forschen" und an „kollegialer Interaktion" und verweisen „Arbeit mit Studenten" auf den dritten Platz. Es gibt Übereinstimmung zwischen den beiden Gruppen darüber, auf was sie am meisten stolz sind: an erster Stelle „Forschung und Publikationen" und an zweiter Stelle die Entwicklung ihrer Abteilungen, Fakultäten und Institutionen.

6. Exekutivmacht und Unternehmertum

Selbst in einem System wie dem britischen, das weniger von staatlichen Geldern abhängig sein sollte, ist der Eindruck eines Mangels an Ressourcen überwältigend. Clark (1998, 37) ist sich sicher, dass „die zentrale Regierung in Britannien zu einem unzuverlässigen, manchmal feindlichen Schutzherrn der Universität geworden ist". Auf höhere finanzielle Unterstützung von Regierungsseite zu warten, wäre nur bei denjenigen eine Option, „die der Wirklichkeit nicht ins Auge sehen". Wie sollte man sich in dieser Situation verhalten? Angesichts externer Bedrohung müssen Manager in der Lage sein, schnell zu handeln: Clark erklärt (1998, 5): „… sie müssen schneller, flexibler und insbesondere gezielter auf wachsende und wechselnde Anforderungen reagieren. …Ein starkes Führungszentrum ist eine Notwendigkeit". Er glaubt fest an den Begriff des akademischen Unternehmertums und ist davon überzeugt, dass dies nicht notwendigerweise den Verlust wesentlicher akademischer Werte nach sich zieht. Clark betont aber, dass Ideen eine soziale Verhaltensbasis annehmen müssen: wirkliche Kultur muss verkörpert sein (2004, 90). In pädagogischen Disziplinen kann es schwierig sein, solche Strategien zu aktivieren. Da unternehmerische Werte aber in Hinsicht auf den Markt wichtig sind, ist es notwendig, die Einstellung des Lehrkörpers dazu herauszufinden. Die folgende Frage könnte gestellt werden:

- Frage 8: Welche Einstellung besitzen die Akademiker der gegenwärtigen Studie zu unternehmerischen Aktivitäten und Exekutivmacht in Bezug auf ihren Beruf?

Tabelle 7 zeigt, dass mehr Deutsche als Briten glauben, dass übermäßige staatliche Einmischung die gute Funktionsfähigkeit der höheren Bildungsinstitution beeinträchtigt (69%; BRD 89%), und ein größerer Prozentsatz von deutschen

Akademikern stimmt ebenfalls zu, dass ihre höhere Bildungsinstitution mehr kommerziell, mehr wie ein Unternehmen handeln sollte (14%; BRD 27%).

Tabelle 7: Ansichten von Akademikern zur Rolle des Staates im höheren Bildungswesen

Aussagen	Land	stimme zu	nicht sicher	stimme nicht zu	Chi-quadrat
Der gute Betrieb unserer Hochschule wird durch überstarken staatlichen Eingriff gehindert	GB	69,0	12,6	18,4	p.= .003
	BRD	88,9	7,4	3,7	
Meine Hochschule müsste viel kommerzieller und mehr wie ein Unternehmen handeln	GB	13,8	8,0	78,2	p.= .042
	BRD	27,2	12,3	60,5	
Das Konzept einer Stiftungsuniversität flößt mir Angst ein	GB	70,1	11,5	18,4	p.= .008
	BRD	21,8	20,5	57,7	
Unsere Institution muss der Regierung stärker gegenübertreten, als sie es gegenwärtig tut	GB	60,9	19,5	19,5	p.= .008
	BRD	41,6	16,9	41,6	
Unser Rektor/ Präsident braucht mehr Macht gegenüber den Kollegen in den Fachbereichen	GB	5,7	20,7	73,7	p.= .004
	BRD	23,5	13,6	63,0	
Unsere Dekane brauchen mehr Macht gegenüber den wissenschaftlichen Kollegen	GB	8,1	22,1	69,8	p.= .001
	BRD	32,1	14,8	53,1	

Anm.: Aussagen in Prozent

Die deutschen Dozenten finden in größerem Maße als die britischen, dass es im höheren Bildungswesen zu viel staatliche Einmischung gibt und sind deutlicher bereit, unternehmerische Werte zu übernehmen. Tatsächlich äußern 70% der Briten ihre Besorgnis über weitere Versuche, Universitäten zu privatisieren. Die Deutschen haben eine positivere Haltung. Mehr als 60% der britischen Akademiker meinen, dass ihre Bildungsinstitutionen der Regierung gegenüber stärker auftreten sollten, als sie es gegenwärtig tun. In Deutschland gibt es mehr Unterstützung als in Großbritannien für die Ausübung von Exekutivmacht, d.h. größeren Einfluss des Universitätspräsidenten und der Dekane vis-à-vis akademischer Kollegen. Der sich aus diesen Fragen ergebende Trend zeigt, dass ein bescheidener Prozentsatz des deutschen Lehrkörpers der untersuchten Stichprobe bereit ist, im Finanzwesen und in der Führung der Universität einen größeren Exekutiv- und Unternehmerstil zu akzeptieren. Die Briten meinen andererseits, dass dieser Prozess bereits weit genug gegangen sei. Die Mehrheit in beiden Ländern will allerdings *nicht*, dass ihre höheren Bildungsinstitutionen in stärkerem Maße

Unternehmer werden. Eine deutliche Mehrheit stimmte letzten Endes gegen ein verstärktes Unternehmertum in Universitäten, die Briten sogar in höherem Maße als die Deutschen. Das ist möglicherweise so, weil die Untersuchungspartner aus Großbritannien diesbezüglich mehr Erfahrung haben, und auch wegen des bitteren Verhältnisses, das zwischen Akademikern und Regierung, insbesondere zur Zeit des Thatcher-Regimes, bestand. Unternehmerwerte und Anerkennung von Exekutivmacht nehmen in ihrer Einstellung keine große Bedeutung ein.

7. Zusammenfassung

In der Einleitung zu diesem Beitrag wurde die Frage erhoben, ob Globalisierung das *Ende* des Nationalstaates sei. Jetzt gilt es, die relative Bedeutung nationaler und globaler Faktoren bei diesem Projekt zu untersuchen. Die Forschungsergebnisse weisen auf viele länderüberschreitende Unterschiede zwischen Studenten und Hochschullehrern hin. Es wird deutlich, dass den Daten gemäß die These einer *Konvergenz* in die Richtung von Marktkräften nicht aufrechterhalten werden kann, obwohl grundlegende Entwicklungen zu erkennen sind, die das auf mittlere Sicht hin fördern könnten. Beispiele wären der mit der Europäischen Union verbundene Bologna-Prozess und die Tatsache, dass es in Deutschland neue Gehaltsstufen und Arbeitsbedingungen gibt, die den akademischen Status schließlich senken könnten. Es besteht eine gewisse Konvergenz in der Tatsache, dass viele der an dieser Studie beteiligten britischen Lehrkräfte die Entwicklung zur Privatisierung und Exekutivmacht rückgängig machen wollten, während der deutsche Lehrkörper bereit ist, sich diesen Prinzipien zu nähern. Auch in ihrem Stolz auf Forschung und ihre Beiträge zur Entwicklung der Universität stimmen sie überein.

7.1 Einstellung der deutschen Studenten

In vieler Hinsicht ist die Einstellung der deutschen Studenten negativer als die ihrer britischen Kollegen. Ein nationaler Faktor, der sicher dazu beiträgt, ist die Zahl der Studierenden. Die Relation der hohen Studierendenzahlen zu den betreuenden Hochschullehrern beruht aber nicht notwendigerweise auf Globalisierung oder Einführung des Neo-Liberalismus im höheren Bildungswesen. Der Grund für die vollen Hörsäle bei den Vorlesungen in Deutschland ist hauptsächlich auf landesspezifische Faktoren zurückzuführen: die konstitutionelle Garantie gemäß Artikel 12 des Grundgesetzes, der allen Deutschen das Recht auf freie Wahl bei der Karriere, dem Arbeitsplatz und dem *Bildungsort* zusichert; ebenfalls die Zulassungsregelungen, die auf einem Rechtsspruch der siebziger Jahre beruhen, demnach die Institutionen ihre bestehende Kapazität ausschöpfen müssen, bevor sie Zulassungsbeschränkungen erheben dürfen (*Numerus Clausus*).

Das Gefühl der Loyalität zu ihrer Institution und die persönliche Beziehung zu ihren Dozenten sind bei den Studenten in Deutschland nur sehr schwach, und es gibt eine Anzahl von Gründen dafür, warum es wünschenswert wäre, beides zu fördern. Erstens wäre es gut zu wissen, dass sie sich in ihrer Universität glücklich und gut unterrichtet fühlen. Es wäre auch für die Moral der Dozenten gut, wenn mehr von ihnen wüssten, dass die Studenten mit dem Unterricht zufrieden sind. Zweitens, wenn Clark (1998, 2004) recht damit hat, dass das wachsende Loch in den staatlichen Mitteln gestopft werden muss, dann ist es notwendig, zu den Studenten ein besseres Verhältnis zu entwickeln, um sie als *Alumni* zum Spenden anzuregen. Die Tatsache, dass deutsche Studenten im Allgemeinen älter als britische Studenten sind, ist für manche eine Erklärung dafür, dass sie größeren Abstand zu ihren Dozenten haben. Man sollte aber nicht vergessen, dass zu den *Alumni* Menschen jeder Altersgruppe gehören und dass Wohlstand meist mit wachsendem Alter kommt. Das Alter der Studenten ist daher nicht an sich eine befriedigende Erklärung für die Gleichgültigkeit ihrer Institution gegenüber. Die siebte Abänderung des Bundesgesetzes erlaubt Universitäten jetzt, bis zu 60% ihrer Studenten selbst zu wählen, und das Bundesministerium hofft, dass die Universitäten dies nutzen werden, um die Identifizierung der Studenten mit ihrer Institution zu stärken. Der dritte Grund dafür, warum es wünschenswert wäre, das Verhältnis der Studenten zu ihren Universitäten zu verbessern, hat mit Demokratie zu tun. Ahier et al. (2003) fanden in ihrer britischen Studie „Graduate Citizens?" ein enges Verhältnis zwischen Studenten und Dozenten, das sie „Sociality" (Gesellschaftlichkeit) nennen und für ein demokratisches Bürgertum für wichtig halten. Eine gemeinsame Form von „Sociality" durchdringt den kollegialen Raum der Universität und führt zu einer Gegenseitigkeit, die von den Prinzipien Fairness, Verantwortung, Respekt und Altruismus gekennzeichnet ist. Sie sprechen die Warnung aus, dass dies von der Unternehmerkultur und privatisierten Kalkulationen bedroht wird, nach denen die Universität umgewandelt wird, um den instrumentellen Individualismus und den Abbau des sozialen Bürgertums zu stärken (ebd., 165f.). Der vorliegenden Studie gemäß zeigten sich die britischen Studenten materialistischer und weniger idealistisch eingestellt als die deutschen Studenten, und Ahiers Warnung betrifft sie also in gleichem Maße. In einem stärker marktwirtschaftlich orientierten Land wie Großbritannien ist es schwieriger, Unternehmertum mit dem, was Clark (2004) „akademische Grundwerte" nennt, zu vereinen. Die Tatsache, dass die Einstellung des deutschen Lehrkörpers in Hinsicht auf den Unterricht und den Studenten als Menschen so positiv ist, ist eine gute Grundlage für eine Verbesserung von „Sociality", die

Kultivierung eines demokratischen Bürgertums und die Schaffung von Zufriedenheit bei den Studenten – vorausgesetzt, die organisatorischen und finanziellen Bedingungen könnten verbessert werden.

7.2 Einstellung zum Wissen

Britische Studenten scheinen stärkeres Interesse für Forschung und weiterführende Studien zu haben und dafür, später selbst Akademiker zu werden. Die Einstellung von Studenten zu einem weiterführenden Studium und zur Forschung sollte im Zusammenhang mit möglichen erkenntnistheoretischen Unterschieden in den Kursprogrammen gesehen werden. Ein Vergleich der Lehrpläne, Prüfungen und Strukturen in den beiden Ländern scheint zu der Annahme zu führen, dass den britischen Studenten Wissen möglicherweise nach dem Modus (2) „angewandt/erfahrungsbezogen" und nicht nach dem Modus (1) „theoretisch/wissenschaftlich" präsentiert wird (Gibbons et al. 1994). Auch dies ist ein Aspekt von Marktorientierung. Wissen muss vermarktet werden können, und Modus (2) ist durch Qualitätskontrolle charakterisiert, die die Abhängigkeit von Kontext und Verwendung betont, die sich aus der parallelen Expansion von Wissensproduzenten in der Gesellschaft ergibt. Diese mehr praktische Orientierung könnte der Grund dafür sein, warum die Einstellung zu Studium und Forschung in einem stärker marktwirtschaftlichen System nicht notwendigerweise negativer wird. Modus (2) ist weniger theoretisch, kann aber für Studenten motivierender sein, und wenn das deutsche System die BA/MA-Struktur übernimmt, könnte es womöglich erkenntnistheoretische Veränderungen durchmachen, die es dem Modus (2) näher bringen. Nationale Lehrplan-Traditionen scheinen daher bei der *Art* des Wissens von Bedeutung zu sein, das im höheren Bildungssystem weitergegeben wird, und dieser Wissens-Modus kann begrifflich mit Orientierung an marktwirtschaftlichen Prinzipien in Verbindung gebracht werden. Durch den Einfluss der Bologna-Vereinbarung und nachfolgender Richtungsänderungen wird es aber auf mittlere Sicht hin zu einer Konvergenz zwischen der britischen und der deutschen Situation kommen.

7.3 Negativität des britischen Lehrkörpers

Es liegt kein Gewinn darin zu betonen, dass die britischen Akademiker in der vorliegenden Studie in gewisser Hinsicht mehr als ihre deutschen Kollegen zu leiden scheinen, teils, weil sie in einem System leben, in dem Gehälter niedrig sind, starker Stress besteht und viel Energie darauf verwandt wird, die Anforderungen eines unangenehmen Qualitätssicherungs-Regimes und unbefriedigende Verwaltungsarbeiten innerhalb der Institution zu erfüllen. Die letzte QA (Unterrichts-)Inspektion kostete £250 Mio. Englische Pfund und beinhaltete 2.904 Prüfungsbesuche, bei denen die Inspektoren lediglich 16 Fälle (0.5%) fanden, bei denen Abteilungen ihre eigenen Kriterien nicht erfüllten (Baty 2004). Die Bewertungen wurden nicht dazu benutzt, die Mittel zu kürzen oder zu erhöhen, sie flossen aber in Beurteilungen über Prestige und Liga-Tabellen ein. Clark (2004, 181) verurteilt die britische Methode auf Grund ihrer „dirigistischen Tendenz" und des „bitteren gegnerischen Verhältnisses", das sie zwischen Regierung und Universitäten geschaffen hat, in dem „die HBI versuchen, mit der Beurteilung (von Forschung) zu ‚spielen', um hohe Ergebnisse zu bekommen, und in dem die finanzierenden Körperschaften später mit der Ankündigung darauf antworten, dass sie für die Inflation der Ergebnisse keine Gelder zur Verfügung stellen werden und die Regeln, nachdem das Spiel gespielt wurde, ändern". Er erklärt, dass staatlich geschaffene Blockaden dahin gehen, Universitäten durch erzwungene Leistungs-Budgets zu steuern, bei denen „keine gute Tat ohne Strafe bleibt", und für drei von vier Institutionen Anreize zu Strafen werden (ebd., 173). Auch dies ist ein nationaler Faktor und steht im Gegensatz zu Deutschland, wo Qualitätssicherung auf weniger zentralisierte Art durchgeführt wird.

7.4 Warum fühlen sich deutsche Akademiker weniger entfremdet als ihre britischen Kollegen?

Im akademischen Bereich war die deutsche Antwort auf den Imperativ der Marktwirtschaft langsamer als die britische, weniger erbittert und weniger zentralistisch in ihrer Umsetzung. Das deutsche System besitzt viele Verteidigungswerke gegen diese Art von Zentralismus, der das Verhältnis der akademischen Welt zur britischen Regierung so belastet hat. Während die britische Regierung seit Margaret Thatcher vom Konsens zur Überzeugungs-Politik überging, wich die deutsche Regierung nur langsam von dem sozialdemokratischen Modell ab, das in der Zeit nach dem Zweiten Weltkrieg von Ludwig Erhard geschaffen wurde und darauf zielte, „Wohlstand mit unternehmerischen Gelegenheiten zu vereinen" in einem System, das „von zentralistischen politischen Mächten nicht ausgenutzt werden konnte" (Lewis 2001, 119). Es existiert ein Prüf- und Bilanzsystem, das auf Föderalismus beruht, und im Grundgesetz ist eine Verpflichtung zur Freiheit verankert: Artikel 5 (3) schützt ausdrücklich akademische Freiheit und Unterricht. Während Deutschland eine breite Kontinuität aufrechterhielt, brach GB unter der Thatcher-Regierung mit einem Nachkriegs-Konsens und machte es dadurch für einen totalen Neoliberalismus anfällig. Die Stabilität und

Langlebigkeit des deutschen Modells bot eine Basis für den Widerstand gegen eine rein neoliberale Strategie und machte einen Bruch in neoliberaler Hinsicht unwahrscheinlich. Es gab keinen „Kohlismus" als Parallele zum „Thatcherismus" und damit keine Störung der deutschen Regelung und Kontinuität. Die Thatcher-„Revolution", die sich einem langwierigen strukturellen Abstieg und der Notwendigkeit, sich der Krise der siebziger Jahre zu stellen, gegenübersah, brach dagegen mit der Nachkriegsregelung und dem Sozialismus, um eine volkstümliche kapitalistische Basis für eine neoliberale Akkumulationsstrategie zu schaffen (Jessop 2001, 134). Es bestand ein Vakuum, das eine autoritäre Politik füllen und ein dominierender Führer ausnutzen konnte. Das zeigte sich in allen Domänen des öffentlichen Lebens, einschließlich des Bildungswesens, das durch einen nationalen Lehrplan und Qualitätssicherungsmaßnahmen stärker zentralisiert wurde (Jessop 2001, 129).

In einer Untersuchung der Wissenschafts- und Technologie-Politik in Deutschland argumentiert Prange (2003) überzeugend, dass europäische und nationale Faktoren an *erster* Stelle stehen und Globalisierung an zweiter, und dass es *nationale* Institutionen sind, die die Bedeutung und Richtung einer nationalen Politik im Verhältnis zu Globalisierung bestimmen. Vaira (2004) glaubt ebenfalls, dass die Art und Weise, auf die Organisationen die institutionellen Muster übernehmen, zu einzigartigen Kombinationen führt. Die Aufgabe des Nationalstaates, Imperative an Lehrkörper und Studenten der höheren Bildungsinstitutionen in ihrem Regierungsbereich weiterzugeben, ist weiterhin bedeutend und hat einen direkten und sofortigen Einfluss auf diese. Obwohl die europäischen Nationen dem Dirigismus der Politik bis zu einem gewissen Grad gleichermaßen ausgesetzt sind, hybridisieren sie Politik doch auf ihre eigene Art und stellen dadurch sicher, dass die Nation bei der Theoretisierung des globalen Marktes weiterhin von zentraler Bedeutung ist. Die post-souveräne Welt des höheren Bildungswesens haben wir noch nicht erreicht.

Literatur

Ahier, J./Beck, J./Moore, R. (2003): Graduate Citizens? Issues of Citizenship and Higher Education. London, New York: Routledge Falmer.
Anrich, E. (Hrsg.) (1956): Die Idee der deutschen Universität. Darmstadt: Hermann Gentner.
Bannock, G./Baxter, R.E./Davis, E. (1972/1992): The Penguin Dictionary of Economics. London: Penguin.
Barnes, J. (1999): Funding and University Autonomy. In: M. Henkel, B. Little (Eds.): Changing Relationships between Higher Education and the State. London: Jessica Kingsley, 162-190.

Baty, P. (2004): Flaws in marking revealed by QAA & Was it all worth it? The Times Higher Educational Supplement, February 20th, p. 9, no. 1628; two articles on same page.
Bauman, Z. (1998): Globalization: the Human Consequences. Cambridge: Polity in association with Blackwell.
Beck, U. (2000): What is globalization? Cambridge: Polity in association with Blackwell.
Biddle, B.J./Thomas, E.J. (Eds.) (1966): Role Theory: Concepts and Research. New York: Wiley.
Clark, B.R. (1998): Creating Entrepreneurial Universities: Organizational Pathways of Transformation. Oxford: Pergamon.
Clark, B.R. (2004) Sustaining Change in Universities: Continuities in Case Studies and Concepts. Maidenhead and New York: Open University Press.
Cowan, M. (Ed.) (1963): Humanist without Portfolio: An Anthology of the Writings of Wilhelm von Humboldt. Detroit: Wayne State University.
Cowen, R. (1996): Performativity, Post-Modernity and the University. In: Comparative Education, 32 (2), 245-258.
Enders, J./Teichler, U. (1996): Germany. In: P. Altbach (Ed.): The International Academic Profession. Princeton, New Jersey: The Carnegie Foundation for the Advancement of Teaching, 439-492.
Fisher, D./Rubenson, K. (1998) The changing political economy: the private and public lives of Canadian universities. In: J. Currie, J. Newson (Eds.): Universities and Globalization: Critical Perspectives. London and Thousand Oaks: Sage, 77-98.
Gellert, C. (1993): The German Model of Research and Advanced Education. In: B.R. Clark (Ed.): The Research Foundations of Graduate Education: Germany, Britain, France, United State & Japan. Oxford and Berkeley: University of California Press, 5-44.
Gibbons, M./Limoges, C./Nowotny, H./Schwartzman, S./Scott, P./Trow, M. (1994): The New Production of Knowledge: The Dynamics of Science and Research in Contemporary Societies. London: Sage.
Green, A. (1997): Education, Globalization and the Nation State. New York: St. Martin's Press.
Henkel, M. (1999): Academic Identities and Policy Change in Higher Education. London: Jessica Kingsley.
Heywood, A. (1998) Political Ideologies: an Introduction. Houndmills, Basingstoke and New York: Palgrave.
Jessop, B. (2001): Conservative Regimes and the Transition to Post-Fordism: The Cases of Great Britain and West Germany. In: B. Jessop (Ed.): Regulation Theory and the Crisis of Capitalism: Four Country Studies. Cheltenham UK and Northampton MA USA: Elgar.
Lewis, D. (2001): Contemporary Germany: a Handbook. London: Arnold.
Liedmann, S.-E. (1993): In Search of Isis: General Education in Germany and Sweden. In: S. Rothblatt, B. Wittrock (Eds.): The European and American University since 1800: Historical and Social Essays. Cambridge UK and New York: Cambridge University Press, 74-106.

Lyotard, J.-F. (1984): The Post-Modern Condition: A Report on Knowledge. Manchester: Manchester University Press.
Newman, J.H. (1852/1956): On the Scope and Nature of University Education. London: Dent.
Prange, H. (2003): Rethinking the Impact of Globalization on the Nation-State: the Case of Science and Technology Policies in Germany. In: German Politics, 12 (1), 23-42.
Rothblatt, S. (1968): The Revolution of the Dons: Cambridge and Society in Victorian England. London: Faber and Faber.
Rothblatt, S. (1997): The Modern University and its Discontents. Cambridge UK and New York: Cambridge University Press.
Schelsky, H. (1963): Einsamkeit und Freiheit: Die Idee der deutschen Universität und ihrer Reform. Hamburg: Rowohlt.
Scholte, G. (2000): Globalization: a Critical Introduction. Houndmills, Basingstoke, Palgrave.
Slaughter, S./Leslie, L.L. (1997): Academic Capitalism: Politics, Policies, and the Entrepreneurial University. Baltimore and London: John Hopkins University Press.
Trow, M. (1974): Problems in the Transition from Elite to Mass Higher Education. In: Policies for Higher Education. Paris: OECD, 51-101. (No editor's name given)
Vaira, M. (2004): Globalization and higher education organizational change: a framework for analysis. In: Higher Education, 48, 483-510.
Välimaa, J. (1999): Managing a Diverse System of Higher Education. In: M. Henkel, B. Little (Eds.): Changing Relationships between Higher Education and the State. London: Jessica Kingsley, 21-41.
Wilkin, M. (1996): Initial Teacher Training: The Dialogue of Ideology and Culture. Washington DC: Falmer.

Danksagung

Mein Dank geht an den Leverhulme Trust und den Economic and Social Research Council (Stip.-Nr. RES-000-22-0313), die die Mittel für diese Forschungsarbeit zur Verfügung stellten. Dem vorliegenden Beitrag liegen Artikel zugrunde, die entweder veröffentlicht sind oder in Kürze veröffentlicht werden.[1]

---

[1] Pritchard, R.M.O. (2004): Humboldtian Values in a Changing World. In: Oxford Review of Education, 30 (4), 509-528.
Pritchard, R.M.O. (forthcoming 2006): British and German Education Students in a Shifting Scenario. In: Higher Education Management and Policy.
Pritchard, R.M.O. (2005): The Influence of Market Force Culture on British and German Academics. In: Comparative Education, 41 (4), 433-454;
URL http://www.tandf.co.uk/journals/titles/ 03050068.asp.
Pritchard, R.M.O. (2005): Trends in the Restructuring of German Universities. Forthcoming in: Comparative Education Review.

Drittmittelgeförderte Projekte in der Erziehungswissenschaft

Margret Kraul

1. Datenerhebung

Im Datenreport Erziehungswissenschaft 2004 haben wir die Ergebnisse einer ersten eigenen Befragung, die sich auf den Zeitraum von 1998 bis 2003 richtete, referiert. Die Bilanzierung der Forschungsleistungen in der Erziehungswissenschaft ist in den bisher erschienenen Datenreports bereits zweimal versucht worden (Weishaupt/Merkens 2000; Kraul/Schulzeck/Weishaupt 2004). Die Probleme, die sich bei dieser Arbeit ergeben haben, sind vielleicht typisch für die Situation der Erziehungswissenschaft: Weder die Abfrage „objektiver" Daten bzw. Datenbanken (Weishaupt/Merkens 2000) noch der Versuch einer Abfrage bei Professuren, Abteilungen oder Fachbereichen (Kraul/Schulzeck/Weishaupt 2004) führen zu Daten, die als verlässlich angesehen werden können. Bei der ersten Variante ist nicht immer gesichert, dass nur erziehungswissenschaftliche Fachbereiche und Institute die Nutznießer sind, bei der zweiten Variante ist man darauf angewiesen, dass die Drittmittelnehmer auch auskunftsbereit sind. Generell bleibt zusätzlich als Vorbehalt zu bedenken, dass Forschung in der Erziehungswissenschaft häufig nicht über Drittmittel finanziert wird, dass also die Forschungsleistungen selbst unterkomplex wiedergegeben werden, wenn nur drittmittelbasierte Forschung in die Erhebungen einbezogen wird. Die Probleme der Datenerhebung und der Interpretation sind bei Weishaupt/Merkens (2000) sowie Kraul/Schulzeck/Weishaupt (2004) geschildert worden und sollen hier nicht wiederholt werden.

Weil die Nutzung von Datenbanken sich schon bei den vorangegangenen Erhebungen als unzuverlässig erwiesen hatte und die Erhebungen des CHE sich für die Zwecke der hier vorgenommenen Analyse als nicht hinreichend erweisen haben (Berghoff et al. 2001), ist der Weg gewählt worden, die einzelnen Fachbereiche, Institute oder Professuren um Auskünfte zu bitten. Selbstanzeigen dieses Typs weisen als Nachteil auf, dass Antwortverweigerungen nicht mehr zu korrigieren sind. Aber auch andere Zugänge beinhalten Fehler, die nicht korrigierbar sind. So ist es bei vielen Drittmittelgebern üblich, dass sich Antragsteller entscheiden können, unter welchem fachlichen Dach sie ihren

Antrag platzieren wollen. Die Zuordnung der Antragsteller erfolgt also nicht nach objektiven Kriterien – Denomination der Stelle –, sondern nach den subjektiven Entscheidungen der Antragsteller. Darüber hinaus bleibt festzuhalten, dass die Einbeziehung aller Drittmittelgeber in die Erhebung ziemlich unwahrscheinlich ist. Es bleiben aber auch Vorbehalte gegen die hier gewählte Vorgehensweise: Einerseits kann nicht sichergestellt werden, dass alle DrittmittelnehmerInnen auch Auskunft geben, andererseits besteht keine Überprüfungsmöglichkeit hinsichtlich der erteilten Auskünfte.

Angesichts der Vor- und Nachteile unterschiedlicher Erhebungsmethoden haben wir unsere zweite Erhebung drittmittelgeförderter Projekte in der Erziehungswissenschaft erneut nach dem Muster von Kraul, Schulzeck und Weishaupt (2004, 111-120) durchgeführt, diesmal für den Zeitraum von 2003 bis 2005[1]. Insgesamt wurden 76 erziehungswissenschaftliche Institute bzw. Fachbereiche[2] angeschrieben. Von 50 Institutionen liegen Rückmeldungen vor.[3] Der Fragenkatalog umfasste sechs Punkte:

1. Titel des Projekts
2. Projektverantwortlicher
3. Drittmittelgeber
4. Dauer
5. Höhe der eingeworbenen Mittel
6. Zuordnung nach Forschungsgebieten.

Von den angeschriebenen Fachbereichen bzw. Instituten sind insgesamt 500 Projekte gemeldet worden.[4] Das sind zwar absolut betrachtet weniger Projekte als bei der letzten Befragung (853 Projekte); zieht man jedoch den Zeitraum der Projekte in Betracht, so erstreckte er sich bei der letzten Befragung auf fünf, dieses Mal dagegen nur auf zwei Jahre. Insofern kann man – bezogen auf die Anzahl der Projekte – von einer deutlichen Steigerung der drittmittelgeförderten Forschung in der Erziehungswissenschaft sprechen. Die folgende Auswertung gibt Aufschluss darüber, wie sich diese 500 Projekte weiter klassifizieren lassen.

---

1 Für ihre Mitarbeit bei der Datenaufnahme und den Tabellen danke ich Petra Lindemann, Frauke Lindloff und Peter Lundgreen, Georg-August-Universität-Göttingen.
2 Für die Wirtschaftspädagogik wurden darüber hinaus alle jene Institute, die in wirtschaftswissenschaftlichen Fakultäten angesiedelt sind, in die Befragung einbezogen.
3 Diese Zahl gibt allerdings noch keine Auskunft über die Vollständigkeit der Rückmeldungen eines Standorts.
4 133 Projekte waren keiner der vorgegebenen Kategorien zugeordnet worden; sie wurden von uns klassifiziert.

2. Drittmittelgeber

Von der Struktur der Daten her ergeben sich einerseits kaum Unterschiede zur Erstbefragung. Andererseits lassen sich Verschiebungen identifizieren, die vielleicht nur darauf zurückzuführen sind, dass sich die Qualität der Daten verbessert hat. Während bei der Erstbefragung für jedes vierte Projekt keine Angaben zur Fördersumme vorgelegen hatten, war es bei der Wiederholung nur noch jedes zehnte Projekt, zu dem nähere Angaben fehlten (Tabelle 1).

Tabelle 1: Drittmittelforschung in der Erziehungswissenschaft: Finanzierung

Nr.	Drittmittelgeber	Anzahl der Projekte	Fördermittel		Fördermittel pro Projekt (Durchschnitt der angegeb. Summen)
			Euro	k. A.	
1.	DFG	85	7.904.412	8	102.665
2.	Stiftungen	53	3.152.076	6	67.065
3.	BMBF	49	10.478.211	4	232.849
4.	andere Bundesministerien	18	3.914.463	1	230.263
5.	BLK, Bund	24	2.501.883	/	104.835
6.	EU	25	1.926.646	2	83.767
7.	Landesministerien	86	8.043.460	10	105.835
8.	Institute	10	357.625	2	44.703
9.	Kommunale/regionale Einrichtungen	39	1.104.582	5	32.488
10.	Wirtschaft	31	1.677.818	1	55.927
11.	DAAD	5	81.806	/	16.361
12.	Universitäten	11	225.979	/	20.544
13.	Sonstige	64	2.453.278	12	47.178
	Insgesamt	500	43.822.239	51	97.600

Das hat im Ergebnis zwei interessante Veränderungen gebracht: Erstens haben sich die einzelnen Bewilligungssummen der Drittmittelgeber im Vergleich erhöht. Das gilt insbesondere für die vom BMBF bewilligte Summe, die praktisch doppelt so hoch ausfällt. Zweitens haben sich die Summen, die pro Projekt bewilligt wurden, deutlich verringert. Das lässt einen interessanten Mechanismus vermuten: Bei kleineren Summen erinnert man sich nicht so gut?

Die größere Verlässlichkeit der Daten bei der Wiederholung der Befragung hat aber kaum Auswirkungen auf die Aussagen, die Kraul, Schulzeck und Weishaupt (2004, 114f.) zum Punkt Drittmittelgeber formuliert hatten. Bei der Rangreihe ist vielleicht längerfristig von Bedeutung, dass Bundesministerien, hier vor allem das BMBF, wenn es um die reine Zahl der Projekte geht, zusammen mit von der BLK geförderten Projekten die von Landesministerien geförderten Projekte leicht überholt haben. Mit den sich andeutenden Veränderungen in den Zuständigkeiten für Bildungspolitik zwischen Bund und Ländern könnte sich hier rasch eine Veränderung in die Gegenrichtung ergeben. In institutionell abgrenzbaren Gruppen zusammengefasst, fördern 12 größere Drittmittelgeber, wie schon 1998/2003, etwa 85% aller Projekte; und auch die Größenunterschiede zwischen diesen Förderern wiederholen sich:

- DFG (85) und Stiftungen (53): 28%
- Bundesministerien inkl. BLK (91): 18%
- Landesministerien (86): 17%.

Drei Großförderer (in Tabelle 1 differenziert nach sechs Drittmittelgebern) finanzieren also zwei Drittel aller erziehungswissenschaftlichen Projekte. Von der Zahl der geförderten Projekte her wird die Sonderrolle der DFG sichtbar. Hier hat sich im Vergleich zum letzten Datenreport eine deutliche Steigerung der Zahl der Projekte ergeben. Das weist daraufhin, dass eine zunehmende Zahl von ErziehungswissenschaftlerInnen die Begutachtung durch die DFG positiv bewältigt. Überproportional ist die Zahl der durch die Universitäten geförderten Projekte zurückgegangen. Damit wird der Wandel, dem die Erziehungswissenschaft in ihrer Forschungsstruktur unterliegt, nochmals deutlich (vgl. Weishaupt/ Merkens 2000). Fragt man nicht nach der Zahl der geförderten Projekte, sondern nach der durchschnittlich aufgebrachten Fördersumme pro Projekt, so liegen die von Bundesministerien geförderten Projekte an der Spitze, wie das schon 1998/2003 der Fall war. Mit deutlichem Abstand folgen DFG und Landesministerien, sodann BLK und EU, die Stiftungen weisen nochmals niedrigere Fördersummen aus. Die restlichen Drittmittelgeber beschränken sich bei der Förderung offensichtlich im Durchschnitt auf die Förderung einer halben Stelle. Nur bei den Universitäten und dem DAAD liegen die durchschnittlichen

Fördersummen unterhalb dieser Grenze. In dieser Rangliste der Fördersummen wird die unterschiedliche Attraktivität der Drittmittelgeber deutlich.

Insgesamt wird eine Fördersumme von knapp 44 Millionen Euro für 449 Projekte berichtet. Die durchschnittliche Ausstattung belief sich demnach auf etwas weniger als 100.000 Euro pro Projekt. Rechnet man das auf die Anzahl der vorhandenen Professuren in der Erziehungswissenschaft hoch, so zeigt sich, dass pro Professur etwas weniger als eine halbe BAT II-Stelle finanziert werden kann. Damit setzt sich der Prozess der Umstrukturierung der Erziehungswissenschaft bei der Forschungsfinanzierung fort.

3. Geförderte Schwerpunkte

Wie sind die drittmittelgeförderten Projekte, die gemeldet wurden, nach Forschungsgebieten klassifiziert worden? In der ersten Erhebung haben wir hierzu keine Vorgaben gemacht; stattdessen haben wir selber die Projekte nach ihren Titeln klassifiziert sowie einzelnen Forschungsgebieten zugeordnet, im wesentlichen entsprechend der Gliederung der Disziplin Erziehungswissenschaft (Kraul/Schulzeck/Weishaupt 2004, 116). Für die zweite Erhebung sind wir zunächst anders vorgegangen, haben um die Zuordnung der Projekte nach Forschungsgebieten bereits bei der Meldung gebeten und zu diesem Zweck eine sehr ausdifferenzierte Liste von Optionen vorgegeben. Bei der Auswertung hat sich gezeigt, dass diese Liste – in eine Tabelle übersetzt – zu viele leere oder fast leere Zellen hatte, weil keine Nennungen vorgenommen wurden. Unter diesen Umständen haben wir eine Reklassifizierung durchgeführt und die Projekte doch wieder den Forschungsgebieten zugeordnet, die schon für die erste Erhebung als Kategorien benutzt worden waren (Tabelle 2).

Mit einer bezeichnenden Ausnahme: Für 64 von 500 Projekten ist über die Selbstzuschreibung die Wahl auf „Bildungsforschung" gefallen, eine Kategorie, die in der ersten Erhebung fehlt und die offensichtlich quer zu vielen erziehungswissenschaftlichen Forschungsgebieten steht, zugleich aber von den Projektnehmern häufig als Klassifikation gewählt wird; vielleicht Indiz dafür, dass die Pädagogik sich mehr und mehr zu einer empirischen Wissenschaft wandelt, zumindest aber Ausdruck dessen, dass die Disziplin sich dieser Ausrichtung gegenüber aufgeschlossen zeigt. Man kann um der Vergleichbarkeit willen die Kategorie „Bildungsforschung" wieder auflösen und die Projekte reklassifizieren. Wir haben das zusätzlich getan und die Ergebnisse separat ausgewiesen (Tabelle 3). Dabei stellt sich heraus, dass die Hälfte aller der Bildungsforschung zugeordneten Projekte dem Bereich der Schulforschung/Schulpädagogik entstammt; ein Viertel der Projekte bezieht sich dagegen auf übergreifende Themen.

Tabelle 2: Drittmittelforschung in der Erziehungswissenschaft: Forschungsgebiete

Nr.	Forschungsgebiete	Anzahl der Projekte
1.	Schulforschung/Schulpädagogik	93
1a	*Schulforschung*	*44*
1b	*Schulpädagogik*	*49*
2.	Sozialpädagogik	45
3.	Wirtschaftspädagogik	33
4.	Medienpädagogik/Medienforschung	39
5.	Erwachsenenbildung	61
6.	Historische Bildungsforschung	11
7.	Interkulturelle Pädagogik	17
8.	Hochschulforschung	11
9.	Sonderpädagogik	19
10.	Sozialisationsforschung	23
11.	Geschlechterforschung	16
12.	Lehrerbildung	20
13.	Pädagogische Beratung	3
14.	Umweltpädagogik	10
15.	Allgemeine Pädagogik	14
16.	Pädagogische Psychologie	8
17.	Politische Bildung	3
18.	Didaktik	10
19.	Bildungsforschung	64
Insgesamt		**500**

Wie bei den Geldgebern, so gibt es auch bei den Forschungsgebieten eindeutige Schwerpunkte, wie die tabellarische Übersicht deutlich macht. Und diese Ungleichverteilung wiederholt im Wesentlichen das Bild, das sich bei der ersten Befragung ergeben hatte. Die herausragenden Forschungsgebiete (mit den meisten Projekten) sind die gleichen:

- Schulforschung und Schulpädagogik (93): 19%
- Sozialpädagogik (45): 9%
- Wirtschaftspädagogik (33): 7%
- Medienforschung und Medienpädagogik (39): 8%
- Erwachsenenbildung (61): 12%.

Mit diesen fünf Forschungsgebieten sind bereits 55% aller gemeldeten Projekte erfasst. Der Rest verteilt sich auf 14 weitere Forschungsgebiete, darunter „Bildungsforschung" mit 64 Nennungen. Schlüsselt man die Bildungsforschung näher auf (Tabelle 3), so lassen sich weitere 40 Projekte den Bereichen „Schulforschung/Schulpädagogik" oder „Erwachsenenbildung" zuordnen. Auf die fünf größten Forschungsgebiete entfallen somit 62% aller Projekte.

Tabelle 3: Drittmittelgeförderte Bildungsforschung: Forschungsgebiete

Nr.	Forschungsgebiete	Anzahl der Projekte
1.	Schulforschung/Schulpädagogik	32
1a	*Schulforschung*	*25*
1b	*Schulpädagogik*	*7*
5.	Erwachsenenbildung	8
8.	Hochschulforschung	3
12.	Lehrerbildung	3
15.	Allgemeine Pädagogik	2
19.	Sonstige Bildungsforschung (übergreifend u. a.)	16
Insgesamt		**64**

Vergleicht man diese Verteilung mit der der Forschungsschwerpunkte aus der letzten Umfrage (Kraul/Schulzeck/Weishaupt 2004, 116) und setzt die Zahlen der jeweils in einem Bereich genannten Projekte in Relation zu der Gesamtzahl der Projekte, so zeigen sich sowohl Kontinuitäten als auch Differenzen: Schulforschung/Schulpädagogik und Lehrerbildung halten ihre Spitzenposition bzw. bauen sie weiter aus, wenn man auch noch die unter Bildungsforschung klassifizierten Projekte hinzunimmt; die Erwachsenenbildung meldet in dem Zweijahreszeitraum ebenso viele Projekte wie in dem zurückliegenden Fünfjahreszeitraum; in der Wirtschaftspädagogik und der Sozialpädagogik finden sich – jeweils gemessen an der Anzahl der Gesamtnennungen – weniger Projekte als im vergangenen Zeitraum. Noch deutlicher ist der Rückgang bei der Interkulturellen Pädagogik und der Historischen Bildungsforschung. Der Befund für die Historische Bildungsforschung erstaunt umso mehr, als allein die DFG in ihrem Jahresbericht von 2004 unter der Kategorie Allgemeine und Historische Pädagogik 36 Projekte ausweist, von denen 29 historischen Charakter haben, also prinzipiell in unserer Befragung hätten verortet sein können. Eine Nachprüfung ergab, dass in diesem Bereich zum einen sehr viele der von der DFG aufgeführten Projekte nicht angegeben worden sind[5], zum anderen bei der

---

5 Die Angaben aus den jeweiligen Universitäten waren offensichtlich nicht vollständig.

selbstgewählten Einordnung andere Kategorien – von der Allgemeinen Pädagogik bis zur Sozialpädagogik – bevorzugt worden sind.

4. Drittmittelgeber und geförderte Schwerpunkte

Wenn man dem Zusammenhang zwischen Drittmittelgebern und geförderten Forschungsprojekten nachgeht, dann sollte man zwei Blickrichtungen unterscheiden. Aus der Sicht einzelner (großer) Drittmittelgeber (Tabelle 4) zeigt sich eine breite Streuung der Förderung über die verschiedenen Forschungsgebiete.

Tabelle 4: Förderschwerpunkte einzelner Drittmittelgeber

Drittmittelgeber	Forschungsgebiete	Anzahl der Projekte	
DFG		85	
	Schulforschung/Schulpädagogik		10
	Sozialpädagogik		8
	Sozialisationsforschung		8
	Historische Bildungsforschung		7
Stiftungen		53	
	Schulforschung/Schulpädagogik		10
	Lehrerbildung		10
	Medienpädagogik/Medienforschung		6
BMBF		49	
	Erwachsenenbildung		18
Landes-ministerien		86	
	Schulforschung/Schulpädagogik		34
	Sozialpädagogik		8
	Erwachsenenbildung		6
	Hochschulforschung		6
Wirtschaft		31	
	Schulforschung/Schulpädagogik		6
	Erwachsenenpädagogik		6
	Wirtschaftspädagogik		5

Die zu erwartende differente Schwerpunktsetzung fällt eher klein aus. Dieser Befund ist freilich auch ein statistischer Artefakt, weil das Forschungsgebiet „Schulforschung/Schulpädagogik" mit sehr viel mehr Projekten vertreten ist als jeder andere Bereich. So zu reden, impliziert bereits den Wechsel der Perspektive. Aus der Sicht einzelner (großer) Forschungsgebiete sind nämlich Differenzen hinsichtlich ihrer Förderung sehr viel deutlicher (Tabelle 5).

Tabelle 5: Einzelne Förderschwerpunkte mit ihren wichtigsten Drittmittelgebern

Forschungsgebiete	Drittmittelgeber	Anzahl der Projekte	
Schulforschung		44	
	Landesministerien		18
	DFG		6
	Stiftungen		4
	Wirtschaft		4
Schulforschung in der Bildungsforschung		25	
	DFG		7
	Stiftungen		5
	Landesministerien		4
Schulpädagogik		48	
	Landesministerien		16
	Kommunale Einrichtungen		6
	Stiftungen		6
Sozialpädagogik		45	
	Kommunale Einrichtungen		13
	Landesministerien		8
	DFG		8
Wirtschaftspädagogik		33	
	BLK		10
	Wirtschaft		5
	DFG		5
Medienforschung, Medienpädagogik		39	
	Stiftungen		6
	BMBF		5
	Kommunale Einrichtungen		4
Erwachsenenbildung		61	
	BMBF		18
	Wirtschaft		6
	Landesministerien		6

Und natürlich entbehrt es nicht der Plausibilität – weil den Zuständigkeiten entsprechend –, dass Landesministerien stark vertreten sind in der Schulforschung/Schulpädagogik, kommunale/regionale Förderer in der Sozialpädagogik, der Bund dagegen bei Wirtschaftspädagogik und Erwachsenenbildung.

Einen genaueren Einblick in derartige Zusammenhänge bieten die Tabellen 6 bis 12 an, indem sie für die wichtigsten (mit den meisten Projekten geförderten) Forschungsgebiete das gesamte Spektrum der Drittmittelgeber sowie die eingeworbenen Fördermittel dokumentieren. Die bereits angesprochene Schulforschung/Schulpädagogik ist da von besonderem Interesse (Tabellen 6 bis 8). Nach der Zahl der Projekte liegen Landesministerien, DFG und Stiftungen vorn, nicht aber nach den Fördermitteln (durchschnittlich pro Projekt), wo wenige Großprojekte des Bundes die Spitze bilden. Eine gewisse Ausnahme von dieser

Regel machen einzelne Projekte, die zur Schulforschung gerechnet werden können, aber über die Selbstzuschreibung als „Bildungsforschung" gekennzeichnet wurden (Tabelle 7).

Tabelle 6: Drittmittel für Schulforschung

Nr.	Drittmittelgeber	Anzahl der Projekte	Fördermittel	
			Euro	k. A.
1.	DFG	6	271.222	1
2.	Stiftungen	4	169.315	
3.	BMBF	3	1.647.740	
5.	BLK/ Bund	1	101.179	
6.	EU	1	7.798	
7.	Landesministerien	18	1.436.489	2
9.	Kommunale/regionale Einrichtungen	1	18.000	
10.	Wirtschaft	4	377.907	
12.	Universitäten	1	6.474	
13.	Sonstige	5	68.964	
Insgesamt		**44**	**4.105.288**	**3**

Tabelle 7: Drittmittel für Schulforschung in der Bildungsforschung

Nr.	Drittmittelgeber	Anzahl der Projekte	Fördermittel	
			Euro	k. A.
1.	DFG	7	1.081.400	
2.	Stiftungen	5	166.000	3
3.	BMBF	3	126.021	
6.	EU	1	40.365	
7.	Landesministerien	4	206.000	
8.	Institute	1		1
9.	Kommunale/regionale Einrichtungen	2	60.552	
10.	Wirtschaft	2	3.867	
Insgesamt		**25**	**1.684.205**	**4**

Ähnliche Größenunterschiede in der Höhe der Projektmittel vom Bund oder aber von den anderen Förderern zeigen sich für die Sozialpädagogik (Tabelle 9), nicht dagegen für die Wirtschaftspädagogik (Tabelle 10) oder die Medienpädagogik/Medienforschung (Tabelle 11).

Tabelle 8: Drittmittel für Schulpädagogik

Nr.	Drittmittelgeber	Anzahl der Projekte	Fördermittel Euro	k. A.
1.	DFG	4	192.510	
2.	Stiftungen	6	479.725	
3.	BMBF	1	215.226	
4.	andere Bundesministerien	2	329.992	
5.	BLK/ Bund	2	285.590	
6.	EU	2	228.969	1
7.	Landesministerien	16	811.211	3
9.	Kommunale/regionale Einrichtungen	6	251.550	
10.	Wirtschaft	2	45.760	
12.	Universitäten	2	6.000	
13.	Sonstige	5	41.979	
Insgesamt		**48**	**2.888.512**	**4**

Tabelle 9: Drittmittel für Sozialpädagogik

Nr.	Drittmittelgeber	Anzahl der Projekte	Fördermittel Euro	k. A.
1.	DFG	8	874.614	1
2.	Stiftungen	3	19.500	1
4.	andere Bundesministerien	2	699.753	
5.	BLK/ Bund	2	134.421	
7.	Landesministerien	8	360.184	
8.	Institute	1		1
9.	Kommunale/regionale Einrichtungen	13	2 46.655	3
10.	Wirtschaft	1		1
13.	Sonstige	7	226.890	1
Insgesamt		**45**	**2.562.017**	**8**

Die Erwachsenenbildung (Tabelle 12) ist insofern ein Sonderfall, als hier ein einzelner Großförderer, der Bund, mit der Anzahl der Projekte ebenso wie mit den Projektmitteln weit vor allen anderen Drittmittelgebern an der Spitze liegt. Der Bund ist im Übrigen immer dann im Spiel, wenn die Fördermittel pro Projekt in einzelnen Forschungsgebieten deutlich über 100.000 € liegen (vgl. Tabelle 1). Ansonsten herrscht breite Streuung über die verschiedenen Drittmittelgeber ebenso vor wie eher bescheidene Projektmittel.

Tabelle 10: Drittmittel für Wirtschaftspädagogik

Nr.	Drittmittelgeber	Anzahl der Projekte	Fördermittel Euro	k. A.
1.	DFG	5	372.036	
3.	BMBF	2	110.700	
5.	BLK/ Bund	10	645.683	
6.	EU	1	1.499	
7.	Landesministerien	1	100.000	
8.	Institute	1	75.252	
9.	Kommunale/regionale Einrichtungen	4	220.000	
10.	Wirtschaft	5	330.936	
12.	Universitäten	1	8.040	
13.	Sonstige	3	818.230	
Insgesamt		**33**	**2.682.376**	

Tabelle 11: Drittmittel für Medienpädagogik/-forschung

Nr.	Drittmittelgeber	Anzahl der Projekte	Fördermittel Euro	k. A.
1.	DFG	3	94.699	
2.	Stiftungen	6	386.160	2
3.	BMBF	5	572.000	
4.	andere Bundesministerien	3	178.350	
6.	EU	3	36.893	
7.	Landesministerien	2	67.973	
8.	Institute	2	43.271	
9.	Kommunale/regionale Einrichtungen	4	113.145	
12.	Universitäten	1	17.500	
13.	Sonstige	10	330.051	5
Insgesamt		**39**	**1.840.042**	**7**

Insgesamt kann man Folgendes festhalten: Die Anzahl der Projekte hat sich seit der letzten Befragung deutlich erhöht[6], die durchschnittliche Fördersumme ist jedoch geringer geworden. Schulpädagogik/Schulforschung sowie Erwachsenenbildung bilden einen erheblichen Anteil an drittmittelfinanzierter Forschung;

---

[6] Bezieht man ein, dass die Angaben häufig nicht vollständig sind, so dürfte die Drittmittelförderung in der Erziehungswissenschaft noch deutlich höher liegen.

zudem lässt sich mehr als ein Zehntel der Projekte unter der Kategorie der Bildungsforschung subsumieren. Die größten Geldgeber sind nach wie vor das BMBF und die DFG; der Anteil der anderen Bundesministerien ist aber deutlich zurückgegangen.

Tabelle 12: Drittmittel für Erwachsenenbildung

Nr.	Drittmittelgeber	Anzahl der Projekte	Fördermittel	
			Euro	k. A.
1.	DFG	5	308.534	
2.	Stiftungen	4	292.146	
3.	BMBF	18	4.086.584	3
4.	andere Bundesministerien	3	209.765	1
6.	EU	4	124.534	
7.	Landesministerien	6	347.028	1
8.	Institute	5	262.354	
9.	Kommunale/regionale Einrichtungen	3	94.150	
10.	Wirtschaft	6	687.623	
13.	Sonstige	7	317.192	1
Insgesamt		**61**	**6.729.910**	**6**

Literatur

Berghoff, S./Federkeil, G./Giebisch, P./Hachmeister, C.-D./Müller-Böling, D. (2001): Das Hochschulranking – Vorgehensweisen und Indikatoren. CHE, Arbeitspapier Nr. 24, April 2001.

Kraul, M./Schulzeck, U./Weishaupt, H. (2004): Forschung und wissenschaftlicher Nachwuchs. In: R. Tippelt, T. Rauschenbach, H. Weishaupt (Hrsg.): Datenreport Erziehungswissenschaft 2004. Wiesbaden: Verlag für Sozialwissenschaften, 91-120.

Weishaupt, H./Merkens, H. (2000): Forschung und wissenschaftlicher Nachwuchs. In: H.-U. Otto et al. (Hrsg.): Datenreport Erziehungswissenschaft. Befunde und Materialien zur Lage und Entwicklung des Faches in der Bundesrepublik. Opladen: Leske + Budrich, 117-134.

Zur beruflichen Weiterbildungs- und Erwachsenenbildungsforschung: Forschungsthemen und Trends

Rudolf Tippelt, Bernhard Schmidt

Einleitung

Mit dem seit dem Jahr 1970 in die europäische Diskussion eingeführten Konzept des lebenslangen Lernens hat sich die Weiterbildungsforschung zunehmend als ein wesentlicher Bestandteil der Bildungsforschung etabliert. Lebenslanges Lernen verweist auf die Bedeutung von *„continuation of conscious learning throughout the life-span, as opposed to the idea that education stops at 16, 18 or 21"* (OECD 1996, 89) und trägt damit dem sozialen, wirtschaftlichen und technischen Wandel Rechnung, der eine permanente Ergänzung und Aktualisierung der Inhalte der allgemeinen und beruflichen Erstausbildung erfordert. Die Qualifizierung von Jugendlichen für die Anforderungen eines beruflichen Tätigkeitsfeldes für kommende Jahrzehnte überfordert jede Form beruflicher Erstausbildung und erfordert die Etablierung der Erwachsenen- und Weiterbildung als vierten Bereich des Bildungssystems – vielfach vernetzt mit dem primären, sekundären und tertiären Bildungssektor. Die Lern- und Bildungsfähigkeit auch älterer Erwachsener ist dabei eine zentrale und inzwischen interdisziplinär vielfach bestätigte Voraussetzung für lebenslanges Lernen und Weiterbildung (Tippelt 2005). Die „Strategie des Lebenslangen Lernens" (Bund-Länder-Kommission 2004) wird von zahlreichen empirischen Ergebnissen der Kindheits-, Jugend-, Erwachsenen- und Alternsforschung gestützt. Die alternsbedingte Entwicklung und die Möglichkeiten des lebenslangen Lernens sind von sozialen, ökonomischen und kulturellen Bedingungen einer historischen Epoche geprägt. Dabei ist der gegenwärtige Übergang von der Industrie- zu einer Dienstleistungs- und Wissensgesellschaft zu fokussieren, weil dieser den Umbau der traditionellen tayloristischen Organisationen zu intelligenten, wissensbasierten und „lernenden" Organisationen erfordert. Damit eng verbunden ist die pädagogisch bedeutsame Neubewertung des „intellektuellen Kapitals" und des damit korrespondierenden Kompetenzerwerbs von Individuen (Tippelt et al. 2006). Die in diesem Zusammenhang notwendige Zunahme wissensbasierter Güter und Dienstleistungen wie Planung, Entwicklung, Implementierung, Wartung, Forschung und pädagogisch besonders nachhaltig Schulung und Fortbildung hat die Weiterbildungsforschung der letzten Jahre stark angeregt.

1. Inhalt und Datenbasis

Der folgende Beitrag gibt einen Überblick über Forschungsprojekte der Berufsbildungsforschung im Kontext der Erwachsenenbildungsforschung. Im Fokus stehen dabei Projekte zur beruflichen und betrieblichen Weiterbildung, d.h. zu organisiertem Lernen nach einer ersten Bildungsphase und nach Aufnahme einer Berufstätigkeit (Bund-Länder-Kommission für Bildungsplanung 1974). Dabei kann auf vorangegangene Analysen (Tippelt/Hoh 1999) zurückgegriffen werden und es können Veränderungen in Forschungsschwerpunkten und -themen herausgearbeitet werden. Neben den organisierten Lernformen gehen seit einigen Jahren auch informelle Formen beruflicher Weiterbildung verstärkt in die deutschsprachige wissenschaftliche Diskussion ein (z.B. Dohmen 2001; Dehnbostel/Molzberger/Overwien 2003; Straka 2003), weshalb auch diesbezügliche Projekte berücksichtigt werden.

Als zentrale Quellen für die Analyse der Forschungslandschaft dienten die umfangreichen Datenbanken des Instituts für Arbeitsmarkt- und Berufsforschung (IAB) sowie die FORIS-Datenbank des Informationszentrums Sozialwissenschaften (IZ). Beide Datenbanken haben in den letzten Jahren erheblich an Umfang und Repräsentativität gewonnen und beinhalten sowohl regionale als auch nationale und internationale Projekte. Ausgewählt wurden daraus die aktuell noch laufenden oder nach 2002 abgeschlossenen Forschungsprojekte, die theoretische oder empirische Beiträge zur Weiterbildungsforschung zum Ziel haben, wobei sich dieser Bericht auf die berufliche Weiterbildung konzentriert. Obwohl zwischen beruflicher und allgemeiner bzw. kultureller Weiterbildung heute starke Überschneidungen gegeben sind, würde die Fokussierung der allgemeinen Weiterbildung eine eigene Expertise rechtfertigen.

Nach einer ersten Recherche ergaben sich 384 aktuelle Projekte zur beruflichen bzw. betrieblichen Weiterbildung, die sich nach genauerer Sichtung von doppelt aufgeführten oder bereits vor 2001 abgeschlossenen Projekten auf 335 reduzierten. Die in einem weiteren Schritt thematisch geordneten Projekte sind – der Multidisziplinarität des Forschungsbereichs entsprechend – keineswegs nur erziehungswissenschaftlichen Ursprungs, sondern haben teilweise arbeitspsychologische, bildungssoziologische oder betriebswirtschaftliche Hintergründe, um nur einige der für die Weiterbildungsforschung relevanten Teildisziplinen zu nennen. Eine Recherche in den einschlägigen Literaturdatenbanken des Deutschen Instituts für Internationale Pädagogische Forschung (DIPF) und des Bayerischen Bibliotheksverbunds für die Jahre 2003-2005 wurde ebenfalls durchgeführt, wird jedoch lediglich zur Ergänzung und Überprüfung der Forschungsdatenbanken herangezogen, da die Anzahl von Publikationen zu einem Themenschwerpunkt nur ein zusätzlicher Indikator für die Forschungsintensität in diesem Bereich sind. Dies ist primär dem Umstand geschuldet, dass sich zahlreiche Publikationen auf gleiche Forschungsprojekte beziehen und eine tiefergehende Sichtung und Auswertung aufgrund der enormen Anzahl an Publikationen[1] nicht systematisch geleistet werden kann.

Die in den Forschungsdatenbanken gelisteten Projekte wurden sowohl von Hochschulen als auch von außeruniversitären Forschungseinrichtungen getragen und umfassen Projekte einzelner Forscher ebenso wie Verbundprojekte. Auch die Forschungsfinanzierung umfasst ein breites Spektrum von der Finanzierung aus Eigenmitteln bis hin zur Auftragsforschung. Zur Kategorisierung dieser Vielzahl von Forschungsaktivitäten wurden diese zunächst nach vier Ebenen differenziert, wobei eine trennscharfe Zuordnung nicht in allen Fällen möglich war, da manche Projekte mehrere der im folgenden kurz charakterisierten Ebenen tangierten.

Tabelle 1: Verteilung der Forschungsprojekte auf vier Ebenen

Ebenen	System	Forschungsthemen	Forschungsprojekte	
			2005	1999
1. Ebene	Mikrosystem	Berufliches Lehren und Lernen	32%	13%
2. Ebene	Mesosystem	Organisationen und Institutionen	34%	44%
3. Ebene	Exosystem	Gestaltung und Politik	21%	19%
4. Ebene	Makrosystem	Reflexion und Theorie	13%	24%

Anm.: Die Zahlen für 1999 beziehen sich auf die Zuordnung durch Tippelt und Hoh 1999. Die Projekte, die ursprünglich mehreren Ebenen zugeordnet waren, wurden zur besseren Vergleichbarkeit einer der Ebenen zugewiesen.

Auf einer ersten Ebene werden aus den Datenbanken 109 Projekte zu „Lehren und Lernen" im Rahmen von Weiterbildungskontexten zusammengefasst, also dem Mikrosystem der Weiterbildung. An beruflicher Weiterbildung beteiligte

---

1 In den genannten Erscheinungsjahren 2003-2005 befassen sich über 1000 Monographien, Zeitschriften- und Buchbeiträge mit Themen der beruflichen Weiterbildung.

„Organisationen und Institutionen" stehen im Mittelpunkt von 114 Forschungsprojekten, die der zweiten Ebene zuzuordnen sind und das Mesosystem beruflicher Weiterbildung betreffen. Der auch als Exosystem zu verstehende Bereich bildungspolitischer Strategien und der Gestaltung von Bildungsgängen wird auf einer dritten Ebene „Politik/Gestaltung" kumuliert und umfasst 69 der erfassten Projekte, während übergreifende theoretische Weiterentwicklungen und Reflexionen des Forschungsfeldes bzw. übergreifender Entwicklungstrends in der Weiterbildung dem Makrosystem und der vierten Ebene „Theorie/Reflexion" zugeordnet wurden. Von den Studien aus den genannten Datenbanken sind 44 also 13% diesen Bereichen zuzuordnen. Die einzelnen Projekte zu den im Folgenden angesprochenen Forschungsbereichen und -themen bewegen sich mehrheitlich, wenn auch nicht immer alle, auf der entsprechenden übergeordneten Ebene.

2. Wichtige Forschungsthemen und Forschungsinstitutionen

2.1 Berufliches Lernen und Lehren (Mikrosystem)

Die Bedeutung beruflicher und betrieblicher Weiterbildung für die Chancen der Einzelnen auf dem Arbeitsmarkt sowie für den wirtschaftlichen Erfolg von Organisationen ist mit dem sozialen, technischen und wirtschaftlichen Wandel sowie aufgrund demographisch bedingt alternder Belegschaften stetig gewachsen (Bellmann/Leber 2004, 19). Der insbesondere in den 1960er und 1970er Jahren stark diskutierte Humankapital-Ansatz (Schultz 1960) verweist nachdrücklich auf den Wert von Weiterbildung für Arbeitnehmer und Arbeitgeber (Becker 1975). Diese auch auf gesamtwirtschaftlicher Ebene sichtbare Relevanz von beruflicher und betrieblicher Weiterbildung ist – trotz berechtigter Kritik am rein an ökonomischer Verwertbarkeit orientierten Bildungsverständnis der Humankapitaltheorie (Krais 1983) – interdisziplinär konsensfähig. Mit den angesprochenen Veränderungsprozessen unterliegen auch die Qualifikationsanforderungen einem permanenten Wandel und neue Qualifikationen bedürfen dann auch neuer Vermittlungskonzepte, deren direkter Bezug zur täglichen Arbeit immer mehr in den Blickpunkt der Weiterbildungsforschung rückt. Verschiedene Formen des Lernens unmittelbar am Arbeitsplatz (Training on the job) sind daher Gegenstand zahlreicher Forschungsprojekte, während sich Weiterbildungsmaßnahmen, die räumlich vom Arbeitsplatz separiert durchgeführt werden (Training off the job), bei übergeordneten und arbeitsfeld-unspezifischen Fragestellungen in die Untersuchungen eingehen. Lernen am Arbeitsplatz wird dabei nicht nur als organisiertes und angeleitetes Lernen verstanden, sondern informelle und selbstgesteuerte Lernformen scheinen kontinuierlich an Bedeutung zu gewinnen. Dies bestätigen zahlreiche Forschungsprojekte, die selbstgesteuerte Elemente in Weiterbildungsangeboten fokussieren oder informelle Lernprozesse betrachten, welche durch Qualitätszirkel, kollegialen Austausch oder Jobrotation angeregt werden können.

Auch der Einsatz moderner Informations- und Kommunikationsmedien gehört in diesem Kontext nach wie vor zu den zentralen Themen der Weiterbildungsforschung. Insgesamt 41 Projekte beschäftigen sich mit dem Einsatz von modernen Medien in Lehr-Lern-Situationen und haben neben der Qualität der medialen Gestaltung und den Einsatzmöglichkeiten von E-Learning-Angeboten vor allem deren Einbettung in übergeordnete Weiterbildungsstrategien und deren Auswirkung auf betriebliche Lernkulturen im Blick. Die Nutzung von Medien als Informationsträger ist auch ein Tribut an sich schnell verändernde Wissensbestände und steigende Erwartungen an Weiterbildungsangebote. Damit wandelt sich die Rolle der Lehrenden immer mehr hin zum Lernberater und -begleiter (vgl. Schmidt 2004), womit zusätzliche Aufgaben für die Weiterbildner verbunden sind und auch deren Aus- und Fortbildung (Train the Trainer) in der Weiterbildungsforschung immer mehr an Aufmerksamkeit erfährt. Immer häufiger ist statt von Lehrenden oder Dozenten die Rede von Moderatoren, Organisatoren, Trainern oder Coaches, was die veränderte Rolle der in der Weiterbildung Tätigen widerspiegelt. Entsprechend widmen sich mehrere Untersuchungen der Fortbildung von Weiterbildnern und deren Vorbereitung auf ein verändertes bzw. erweitertes Aufgabenspektrum.

Auf der anderen Seite verändert sich auch die Rolle der Lernenden. Ihnen wird unter dem Stichwort „Selbstgesteuertes Lernen" zunehmend mehr Eigenverantwortung für den eigenen Lernprozess übertragen und die Nutzung von Lerngelegenheiten außerhalb organisierter und didaktisierter Lehr-Lern-Situationen gewinnt an Bedeutung. Der in der Literatur keineswegs einheitlich definierte Begriff des selbstgesteuerten Lernens wird in den Forschungsprojekten synonym für ein breites Spektrum lernerzentrierter Lernszenarien eingesetzt. Selbststeuerung kann sich dabei sowohl auf „Autonomie" als eigentliches Lernziel beziehen als auch auf die Freiheit des Lernenden hinsichtlich der Bestimmung von Lernzielen, -wegen und -mitteln (Wosnitza 2000). Letzteres Verständnis hat sich zumindest in der Weiterbildungsforschung durchgesetzt, ebenso wie die Erkenntnis, dass sich Lernsituationen auf einem Kontinuum zwischen den Polen der Selbst- bzw. Fremdsteuerung bewegen und nur einzelne Elemente sich eindeutig einer der beiden Seiten zuordnen lassen (Kraft 1999). Selbstgesteuertes Lernen wird meist aus einer konstruktivistischen Lerntheorie heraus begründet und setzt Lernkompetenzen voraus, wie sie gerade Erwachsenen eher zugestanden werden (Konrad 2000; 2001).

Gelegentlich wird selbstgesteuertes Lernen auch mit informellem Lernen gleichgesetzt; Selbststeuerung impliziert aber eine Zielgerichtetheit, die bei informellem Lernen keineswegs gegeben sein muss. Informelles Lernen resultiert gerade aus Situationen, die nicht genuin als Lernsituationen konzipiert sind und sich oft „en passant", d.h. ohne dass der Lernprozess den Lernenden überhaupt bewusst würde, vollziehen (Dehnbostel 2002; 2005). Die zwölf Forschungsprojekte zu informellem Lernen thematisieren insbesondere die Möglichkeiten der Förderung und Unterstützung dieser informellen Lernprozesse durch die Schaffung entsprechender Lerngelegenheiten einerseits und die Messung und Zertifizierung informell angeeigneter Kompetenzen andererseits (auch Straka 2003). Schließlich ist auch die Vermittlung von übergreifenden Qualifikationen ein Thema der Bildungsforschung. Die acht diesem Bereich gewidmeten aktuellen Weiterbildungsprojekte fokussieren dabei mehrheitlich die Förderung kultureller und kommunikativer Kompetenz, deren Bedeutung in betrieblichen Kontexten offensichtlich gerade unter dem Druck der Globalisierung steigt. Generell wird in organisierter beruflicher und betrieblicher Weiterbildung zunehmend von „Kompetenzentwicklung" statt von der „Vermittlung spezifischer Fachkenntnisse" gesprochen (Arbeitsgemeinschaft QUEM 2002), was auf eine wachsende Bedeutung übergreifender Qualifikationen verweist und einer sinkenden Halbwertszeit von Wissensbeständen und dem technologischen und arbeitsorganisatorischen Wandel geschuldet ist.

2.2 Organisationen und Institutionen (Mesosystem)

Die starke Expansion des Weiterbildungsmarkts in den 1990er Jahren brachte neben einer Erweiterung des Angebots auch eine schwer zu überblickende Vielfalt von Trägern mit sich und verstärkte so einen bereits seit den 1960ern anhaltenden Trend zur Pluralisierung des Weiterbildungsmarkts. Inzwischen geht man von über 30.000 rechtlich selbständigen Weiterbildungsinstitutionen aus (Nuissl von Rein/Pehl 2004), die sich fünf Weiterbildungsstrukturen zuordnen lassen (Tippelt 2004). Eine *erste* Weiterbildungsstruktur umfasst die etablierten und öffentlich subventionierten Weiterbildungsträger der Verbände, Kirchen, Gewerkschaften oder der öffentlichen Hand. Unternehmensnahe Weiterbildungsträger, wie Arbeitgeberverbände, Handwerksorganisationen und die Betriebe selbst bilden die *zweite* Weiterbildungsstruktur, die den Bereich der beruflichen Weiterbildung eindeutig dominiert (Barz/Tippelt 2004). Die *dritte* Weiterbildungsstruktur wird überwiegend vom bürgerschaftlichen Engagement und ehrenamtlicher Arbeit in Selbsthilfegruppen und Vereinen getragen, während die wissenschaftliche Weiterbildung an den Universitäten ebenfalls als eigenständige *vierte*

Weiterbildungsstruktur zu betrachten ist. Kleine private Weiterbildungsunternehmen und kommerzielle Anbieter bilden schließlich eine *fünfte* Weiterbildungsstruktur und sind in der Lage schnell auf veränderte Nachfragestrukturen zu reagieren. Mit dieser zunehmenden Ausdifferenzierung auf Angebotsseite verbindet sich auch eine wachsende Konkurrenz um die Weiterbildungsinteressierten sowie ein stärker an betriebswirtschaftlichen Notwendigkeiten ausgerichtetes Agieren der Träger (vgl. ebd.). Angesichts des breiten Spektrums von Trägern und Angeboten auf dem Weiterbildungsmarkt wird die Notwendigkeit deutlich, Angebotsstrukturen zunächst zu analysieren, um Versorgungslücken und Überangebote zu identifizieren und schließlich – ausgehend von Nachfrage- und Bedarfserhebungen – Vorschläge zur Optimierung von Weiterbildungsangeboten abzuleiten. Bezogen auf den deutschen Markt beruflicher und betrieblicher Weiterbildung lassen sich 23 Projekte der Erfassung von Weiterbildungsangebot und -nachfrage sowie deren Abgleich zuordnen. Bei der Analyse von Nachfragestrukturen wird dabei vermehrt auf Daten der öffentlichen Statistik und die Daten des Sozioökonomischen Panels zurückgegriffen. Die Nutzung weiterer zugänglicher und für die berufliche und wissenschaftliche Weiterbildung relevanter Datensätze (z.B. das Betriebspanel und das Beschäftigtenpanel des Instituts für Arbeitsmarkt) wird u.a. durch einen aktuellen Expertisen-Wettbewerb des Rats für Sozial- und Wirtschaftsdaten[2] explizit gefordert und gefördert.

Nicht nur wegen der Vielfalt von Weiterbildungsträgern, auch und vorrangig aufgrund der mit Weiterbildungsmaßnahmen verbundenen Kosten, wird eine exakte Bildungsbedarfsanalyse zu einem zentralen Instrument individueller, betrieblicher oder regionaler Bildungsplanung. Auf individueller Ebene spielen trägergebundene und insbesondere trägerübergreifende Beratungsangebote eine wichtige Rolle, um für den Einzelnen die richtige Bildungsmaßnahme beim passenden Anbieter aufzuzeigen. Auf betrieblicher Ebene sind Bildungsbedarfsanalysen ein wichtiges Instrument strategischer Personalentwicklung, dessen methodisches Design auch Gegenstand verschiedener Forschungsprojekte ist, während andere Projekte durch eine Gegenüberstellung von Angebots- und Nachfragestrukturen auf regionaler Ebene Möglichkeiten der Regionalentwicklung im Weiterbildungssektor aufzeigen. Eine Schlüsselrolle nimmt hier das von Europäischem Sozialfond und BMBF finanzierte Projekt „Lernende Regionen – Förderung von Netzwerken" ein (Tippelt et al. 2005), in dessen Rahmen vielfältige Begleitforschungsprojekte initiiert wurden und das eine bessere Vernetzung von Weiterbildungsträgern zum Ziel hat (BMBF 2004).

Das Thema Kooperation und Vernetzung ist in den letzten Jahren immer wichtiger geworden. Insgesamt widmen sich 20 Forschungsprojekte der Ent-

---

2 http://www.ratswd.de/wettbew.htm.

wicklung und Evaluation regionaler, nationaler und internationaler Bildungsnetzwerke und vertikaler wie horizontaler Kooperationsstrukturen, wobei sowohl Einrichtungen der Erwachsenenbildung als auch der beruflichen Erstausbildung sowie Schulen an diesen Netzwerken partizipieren. Für beide Bereiche bieten sich durch Kooperationsstrukturen erweiterte Möglichkeiten und Chancen zur Optimierung und Erweiterung beruflicher Bildungsangebote (Wilbers 2004).

Noch dominanter in der aktuellen Forschungslandschaft ist die Qualitätssicherung und Zertifizierung von Weiterbildungsmaßnahmen. Die Recherche in FORIS und in der IAB-Datenbank erbrachte 27 Projekte, die sich mit innovativen Qualitätssicherungs- und Qualitätsmanagementkonzepten im Bereich der beruflichen Weiterbildung beschäftigen und verschiedene Modellprojekte zur Zertifizierung formell und informell erworbener Kompetenzen wissenschaftlich begleiten. Gerade im Zuge zunehmender Konkurrenz auf dem Weiterbildungsmarkt und eines immer weniger überschaubaren Angebots von Maßnahmen finden Systeme der Qualitätssicherung immer mehr Beachtung und gerade größere Weiterbildungsträger können sich diesem Thema kaum mehr entziehen (Fröhlich/Jütte 2004; Heinold-Krug/Meisel 2002; Balli/Krekel/Sauter 2002).

In den verschiedenen Qualitätsmanagementsystemen ist die Bedeutung der Evaluation von Institutionen, Programmen oder einzelnen Maßnahmen hervorzuheben, sei es in Form einer Fremd- oder Selbstevaluation, sei es als formative Evaluation im Entwicklungsstadium eines Bildungsangebots oder eine summative Evaluation zu dessen abschließender Bewertung[3]. Insgesamt befassen sich 36 Forschungsprojekte mit der Evaluation einzelner Maßnahmen, Bildungsgänge oder Weiterbildungseinrichtungen, wobei es sich mehrheitlich um die wissenschaftliche Begleitung neuer Initiativen und Modellprojekte handelt.

Ein wesentliches Augenmerk – so zumindest der Eindruck aus zwölf explizit diesem Thema gewidmeten Projekten der Bildungsforschung – liegt auf der Weiterbildung von Arbeitnehmern in kleinen und mittelständischen Unternehmen. In den vergangenen Jahren haben repräsentative Studien zum Weiterbildungsverhalten und Weiterbildungsangebot wiederholt darauf aufmerksam gemacht, dass gerade mit sinkender Betriebsgröße auch die Angebotsstrukturen für die Weiterbildung der Mitarbeiter zunehmend defizitärer werden und dass die Betriebsgröße heute zu einem der wichtigsten Prädiktoren für die Partizipation an beruflicher Weiterbildung gehört (Kuwan/Thebis 2005; Barz/Tippelt 2004; Baethge/Baethge-Kinsky 2002).

Neben diesem besonderen Fokus auf die sogenannten KMUs, konzentrieren sich verschiedene Projekte auch auf bisher in der beruflichen Weiterbildung noch unterrepräsentierte Gruppen. Dazu gehören neben Migranten und Älteren immer

---

3 Zur Differenzierung von Evaluationsformen siehe auch Schmidt und Tippelt 2005b.

noch Frauen, auch wenn hier eine klare Aufholbewegung erkennbar ist. Insbesondere die Gruppe der älteren Arbeitnehmer ist – vor dem Hintergrund des demographischen Wandels und der damit verbundenen Alterung der Belegschaften – verstärkt in den Blick andragogischer Forschung gerückt. Dabei wird die Integration älterer Mitarbeiter in betriebliche und berufliche Weiterbildungsangebote ebenso thematisiert, wie eine altersgerechte Personalpolitik und die intergenerationale Weitergabe von Erfahrungswissen (Werner 2005; Schemme 2001). Weitere Themen im Bereich der Organisation von Weiterbildung und den beteiligten Institutionen sind die wissenschaftliche Weiterbildung an Hochschulen sowie die Lehrerfortbildung, der in Folge der PISA-Studie 2000 erhöhte Aufmerksamkeit geschenkt wird. Die Weiterbildung des Hochschulpersonals selbst scheint dagegen im Vergleich zu den 1990ern eher in den Hintergrund gerückt zu sein, zumindest ergab die Recherche lediglich ein Forschungsprojekt zu diesem Thema und auch die aktuelleren Publikationen hierzu beschränken sich auf wenige Berichte und Artikel (Brehms/Gruber 2003; Winteler 2003; Schmidt/Tippelt 2005a).

2.3 Gestaltung und Politik (Exosystem)

Neben einem im Programm „Lernende Regionen" besonders deutlich hervortretenden Trend zur arbeits- und bildungspolitischen Förderung von Regionen setzt sich in verschiedenen europäischen Förderinitiativen auch ein Trend der Europäisierung von Weiterbildungsforschung fort, der sich bereits in den 1990ern abzeichnete (Tippelt/Hoh 1999, 58f.). Verschiedene Projekte begründen nicht nur Ihre finanzielle Basis auf diesen großen Förderinitiativen, die wiederum überwiegend auf das 2002 gestartete 6. Forschungsrahmenprogramm der Europäischen Union zurückgehen, sondern widmen sich der wissenschaftlichen Begleitung von Weiterbildungsinitiativen und Bildungsprogrammen, die ihrerseits mit Hilfe von EU-Mitteln initiiert wurden. Dabei liegen Themen der Weiterbildungsforschung häufig quer zu den übergeordneten Schwerpunkten des Rahmenprogramms (siehe Tab. 2) und sind in verschiedenen Themenkomplexen anschlussfähig.

Neben diesen europäischen Programmen widmet sich die Weiterbildungsforschung auch der wissenschaftlichen Begleitung von politischen Initiativen auf nationaler Ebene, wie zum Beispiel der Untersuchung der Folgen der sogenannten Hartz-Reformen für die berufliche und betriebliche Weiterbildung[4].

---

4 Weitere Informationen zu diesem Projekt finden sich unter
   http://www.wipol.de/hartz/evaluierung.htm.

Tabelle 2: Struktur des 6. Europäischen Forschungsrahmenprogramms

Struktur des Forschungsrahmenprogramms					
Bündelung und Integration der Forschung					
Thematische Prioritäten				Spezielle Maßnahmen	
Biowissenschaften, Genomik u. Biotechnologie im Dienste der Gesundheit				Politikorientierte Forschung	Künftiger Wissenschafts- und Technologiebedarf (NEST)
Technologien für die Informationsgesellschaft				^	^
Nanotechnologien, multifunktionale Werkstoffe, neue Produktionsverfahren und -anlagen				^	^
Luftfahrt und Raumfahrt				^	^
Lebensqalität und Lebenssicherheit				KMU-spezifische Maßnahmen	
Nachhaltige Entwicklung, globale Veränderungen und Ökosysteme				Internationale Zusammenarbeit (INCO)	
Bürger und Staat in der Wissensgesellschaft				Gemeinsame Forschungsstelle (GFS)	
Ausgestaltung des EFR				Stärkung der Grundpfeiler des EFR	
Innovation	Humanressourcen u. Mobilität	Infrastrukturen	Wissenschaft u. Gesellschaft	Koordinierung von FuE-Aktivitäten	Kohärente Entwicklung der F + I-Politik

Quelle: http://www.rp6.de/inhalte.

Auch die Finanzierung von Weiterbildung ist nicht nur Gegenstand bildungspolitischer Diskussionen, sondern auch grundlegende Fragestellung verschiedener Forschungsprojekte. Die Finanzierung wird hier teilweise separat zu Nutzen und Effekten beruflicher Weiterbildung untersucht, teilweise werden für die berufliche Weiterbildung auch bildungsökonomische Kosten-Nutzen-Analysen erarbeitet.

Dass sich auf nationaler und europäischer Ebene geförderte Projekte immer wieder der Vernetzung von Akteuren im Bereich der Weiterbildung und der Erhöhung von Transparenz in der Vielfalt der Anbieter bemühen, ist auf die bereits skizzierte Vielfalt von Trägern, Institutionen und Angeboten zurückzuführen. In der Bundesrepublik werden daher bereits seit einigen Jahren die Notwendigkeit einer bundesweiten gesetzlichen Basis für den Bereich der Erwachsenenbildung und deren möglicher Beitrag zur Regulierung des Weiterbildungsangebots diskutiert (Derichs-Kunstmann et al. 1997; Dobischat/Husemann 1995). Dem könnte allerdings entgegengehalten werden, dass der Weiterbildungsmarkt auch heute keinen rechtsfreien Raum darstellt, sondern entsprechende gesetzliche Normen sehr wohl – nur eben auf Länderebene – existieren (Nuissl von Rein 1999).

2.4 Reflexion und Theorie (Makrosystem)

Das Konzept des lebenslangen bzw. lebensbegleitenden Lernens, das von Europarat und UNESCO bereits seit den 1970er Jahren skizziert wurde, dient auch heute noch als zentraler Bezugsrahmen für die Erwachsenenbildungsforschung insgesamt und die berufliche Weiterbildungsforschung im Besonderen. Die im deutschsprachigen Raum lange Zeit kaum beachtete Idee des lebenslangen Lernens gelangte erst in den 1990er Jahren in das politische Bewusstsein und spiegelt sich in einer noch laufenden Förderinitiative des Bundesministeriums für Bildung und Forschung. Verbunden mit der Idee einer lebenslangen Qualifikation als einem zwar in seiner Intensität schwankenden aber dennoch permanent laufenden Prozess, gewinnen individuelle Lernbiographien und lebenslauftheoretische Perspektiven an Bedeutung. Während die Biographieforschung jedoch das Lern- und Bildungsverhalten von Individuen als kontinuierliche, wenn auch nicht immer unidirektionale Entwicklung betrachtet (Alheit et al. 2003), richten lebenslauftheoretische Ansätze den Blick vor allem auf Übergänge zwischen Lebens- und Bildungsphasen (Kaltschmid 1999). Studien zu diesem Themenkomplex thematisieren vor allem den Übergang von der Schule in eine berufliche Erstausbildung und weiter in die Erwerbsarbeit (Nagy/Köller/Heckhausen 2005, 156ff.). Häufig wird insbesondere die sogenannte zweite Schwelle – also der Eintritt in eine berufliche Tätigkeit nach Abschluss der Ausbildungsphase – problematisiert. Hier sind Übergangsrisiken und prekäre Bildungskarrieren verstärkt aufgezeigt worden (Schumacher 2004; Tippelt 2000; Falk/Sackmann 2000). Ein weiterer bedeutsamer, wenn auch zunehmend diffuserer Übergang, ist die Verrentung. Studien zum Berufsaustritt verweisen auf dessen einschneidende Bedeutung für die Betroffenen und auf die Möglichkeiten von Weiterbildung sowohl gegen Ende als auch nach Beendigung der Erwerbsarbeitsphase (Knopf 2000a, 2000b), die heute auch häufiger schrittweise über Minijobs u.ä. erfolgt (Kiefer 1997).

Im Rahmen dieser Übergangsstudien, aber insbesondere auch im Zuge einer verstärkten Betonung des Kompetenzansatzes, erhöht sich die Notwendigkeit interdisziplinärer Forschungsprojekte, da sowohl erziehungswissenschaftliche, psychologische, betriebswirtschaftliche, soziologische als auch politologische und juristische Aspekte relevant werden und zu berücksichtigen sind. Wie insgesamt in der Weiterbildungsforschung gilt es hier vermehrt Disziplin- und Theoriegrenzen zu überwinden (Tippelt 2002; Schaffert/Schmidt 2004). Zu diesen interdisziplinären Forschungsfeldern gehört auch das Wissensmanagement, das für die Effektivität von Organisationen an Bedeutung gewinnt und anschlussfähig ist für Konzepte selbstgesteuerten, informellen und organisationsbezogenen Lernens.

Darüber hinaus werden Themen in verschiedenen Einzelprojekten bearbeitet, die sich kaum übergeordneten Clustern zuordnen lassen. Zu diesen Themen gehören neben der Analyse der für die Weiterbildung geöffneten Zeitfenster im Alltag von Erwerbstätigen, die historische Aufarbeitung theoretischer Konzepte (vgl. Themenheft der Zeitschrift für Pädagogik 4/2005) und die Dokumentation der beruflichen Aus- und Weiterbildung im deutschsprachigen Raum (Büchter/Kipp 2003), sowie der Stand der Weiterbildung in anderen europäischen und außereuropäischen Staaten. Reflektiert werden in verschiedenen Projekten überdies die Bedeutung von Weiterbildung vor dem Hintergrund reflexiver Modernisierung und Globalisierung und die besondere Rolle der Betriebe vor diesem Hintergrund. Weitere Projekte sind der Curriculumforschung zuzuordnen und berühren den Bereich beruflicher Weiterbildung nur am Rande, indem sie beispielsweise auch die Curricula von Umschulungen tangieren. Beklagt wird in diesem Kontext eine Vernachlässigung der Curriculumforschung zu Gunsten der Qualifikationsforschung seit den 1990er Jahren und es wird für eine stärkere Verzahnung beider Forschungslinien plädiert (Büchter 2003).

3. Entwicklungstrends und Forschungsbedarf

Die berufliche Weiterbildungsforschung umfasst nur einen Teil der Weiter- und Erwachsenenbildungsforschung sowie der Berufsbildungsforschung und geht auch nicht in diesen vollständig auf (siehe Abb. 1).

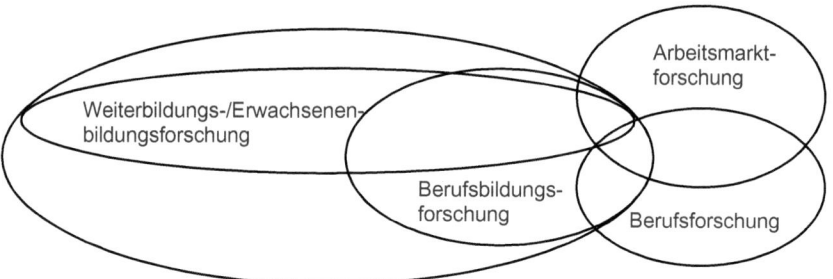

(angelehnt an Kell 2003, 238)

Abbildung 1:   Weiterbildungs-/Erwachsenenbildungsforschung in der Bildungsforschung

93

Dennoch scheint die Schnittfläche der Forschungstraditionen in den letzten Jahren weiter gewachsen zu sein. Die Berufbildungsforschung ihrerseits überlappt als Teilbereich der Bildungsforschung wiederum die Arbeitsmarkt- und Berufsforschung, wodurch einerseits ein heterogenes, multidisziplinäres Forschungsfeld entsteht und andererseits erhebliche Chancen für interdisziplinäre Forschungsprojekte und auch deren Notwendigkeit sichtbar werden.

Betrachtet man die nach 2002 beendeten oder noch laufenden Forschungsprojekte so zeigen sich einige markante Schwerpunkte (siehe auch Tab. 3), die hier noch einmal kurz zusammengefasst werden.

- Auffällig sind zahlreiche Projekte zur Evaluation und wissenschaftlichen Begleitung von Modellversuchen und Modellversuchsprogrammen – sei es auf europäischer, nationaler, regionaler oder kommunaler Ebene. Auf die Bedeutung von Modellversuchsprogrammen und deren verstärkte Förderung (z.B. durch die Bund-Länder-Kommission seit Ende der 1990er Jahre) verweist auch Euler (2003) und betont das innovative Potential dieser Programme.
- Der Einsatz moderner Informations- und Kommunikationsstrategien bildet bereits seit über einem Jahrzehnt ein zentrales Forschungsfeld im Kontext beruflicher und betrieblicher Weiterbildung (Schiersmann/Iller/Remmele 2001; Tippelt/Hoh 1999). Angesichts der nach wie vor wachsenden vielfältigen Einsatzmöglichkeiten dieser Technologien scheint auch in den kommenden Jahren ein Bedeutungsverlust dieses Forschungsbereichs unwahrscheinlich.
- Informelles und selbstgesteuertes Lernen gehören zu den stark expandierenden Bereichen beruflicher und insbesondere betrieblicher Weiterbildungsforschung. Zwar war dieses Thema auch schon Ende des vergangenen Jahrzehnts präsent (Schiersmann/Iller/Remmele 2001; Tippelt/Hoh 1999), die Forschungs- und Publikationsaktivitäten hierzu haben seither aber offensichtlich noch stark zugenommen. Dazu gehört die lernförderliche Gestaltung von Arbeitsplätzen, die informelles Lernen im Arbeitsalltag wesentlich begünstigen kann (Baethge/Baethge-Kinsky 2002).
- Eine nicht unerhebliche Zahl von Forschungsprojekten fand sich ebenso zu organisationalem Lernen und zum Wissensmanagement in lernenden Organisationen. Auch diese Thematik ist nicht mehr neu, weist aber expansive Tendenzen auf.
- Zu den noch jungen Forschungsschwerpunkten gehören vernetzte Strukturen im Bereich beruflicher Bildung (insbesondere die „Lernenden Regionen") und die wissenschaftliche Begleitung von Modellversuchsprogrammen. Beiden Bereichen liegen breite Förderinitiativen der EU, des Bundes und der Länder zugrunde.

- In früheren Studien allenfalls als Forschungsdesiderat formulierte repräsentative Studien zur Angebotsstruktur im Bereich beruflicher und betrieblicher Weiterbildung (Schiersmann/Iller/Remmele 2001, 28) liegen inzwischen vor oder stehen kurz vor ihrem Abschluss. Angesichts des sehr facettenreichen und schwer zu überblickenden Weiterbildungsmarkts können diese Studien aber lediglich erste Orientierungspunkte bieten, die weiterer Vertiefung bedürfen.

Tabelle 3: Anzahl von Forschungsprojekten nach Themenbereichen

E-Learning	41
Evaluation von Maßnahmen und Modellprogrammen	36
Weiterbildung für bestimmte Berufsgruppen	35
Qalitätssicherung un d Zertifizierung	28
Diagnose und Analyse von Bildungsbedarf	26
Arbeitsmarktintegration von Soziogruppen	23
Angebot und Nachfrage in der beruflichen Weiterbildung	23
Kooperation und Vernetzung	20
Lernende Organisationen	20
Informelles und selbstgesteuertes Lernen	13
Weiterbildung in KMUs	12
Qalifizierung pädagogischen Personals	11
Schlüsselkompetenzen	8
Geschichte der Erwachsenenbildung	4
Sonstige	35
Gesamt	**335**

Quelle: FORIS-Datenbank und IAB-Datenbank

Viele der genannten Forschungsschwerpunkte werden auch zukünftig eine zentrale Rolle spielen. So werden u.a. neue Konzepte in der Aus- und Weiterbildung von Lehrkräften, die Vernetzung von Aus- und Weiterbildung, Unterstützungsmethoden für Selbstlernprozesse und didaktische Konzepte für „Blended-Learning-Konzepte" in einer Delphi-Studie mit 837 Experten aus Forschung, Politik, Wirtschaft und Bildungseinrichtungen als zentrale Forschungsfelder der Zukunft benannt. Noch häufiger als die genannten Forschungsthemen wurde die „Entwicklung von Konzepten, mit denen die Weiterbildungsbereitschaft bei kleinen und mittelständischen Unternehmen und ihren Beschäftigten gesteigert werden kann"

(Brosi/Krekel/Ulrich 2003, 29) als wesentliches Forschungsfeld der Zukunft genannt. Darüber hinaus lassen sich weitere Forschungsdesiderata formulieren. Auf der Ebene beruflichen Lehrens und Lernens haben informelle Lernformen erheblich an Bedeutung gewonnen. Noch gibt es nur erste Modellprojekte zur Förderung informellen Lernens am Arbeitsplatz, deren jeweiliger Beitrag zur Kompetenzentwicklung der Mitarbeiter noch weitgehend unklar ist. Zudem verweisen Forschungsergebnisse zwar auf die Bedeutung einer Kombination formeller und informeller Weiterbildungsaktivitäten, die Entwicklung und Evaluation entsprechend komplexer Strategien steht aber noch aus. In diese Strategien gilt es dann auch moderne Informationsmedien einzubetten, sei es in Form von „Blended-Learning-Angeboten" oder rein virtuellen Selbstlernprogrammen. Zudem steht auch die Entwicklung von Zertifizierungsstrategien für informell erworbene Kompetenzen in Deutschland noch am Anfang und ein bundesweit einheitliches Zertifizierungssystem – vergleichbar dem im System der National „Vocational Qualifications" in England integrierten Verfahrens (Ertl 2003) – ist noch nicht in Sicht. Für die Träger beruflicher und betrieblicher Weiterbildung ist mit zunehmender Transparenz des Weiterbildungsmarktes für die Lernenden durch die Testierung und Zertifizierung von Anbietern und Maßnahmen, mit einem weiter verschärften Konkurrenzdruck zu rechnen. Die Zielgruppenorientierung von Weiterbildungsangeboten wird dann noch stärker als bisher in den Mittelpunkt rücken und auch die Möglichkeiten von Bildungsmarketing sind noch genauer auszuloten. In diesem Rahmen kann die Milieuforschung neue Anhaltspunkte liefern, die über eine Adressatendifferenzierung nach soziodemographischen Variablen hinausgehen und neben der Lebenslage auch den Lebensstil von Zielgruppen einbeziehen (Reich/Tippelt 2004). Forschungs- und bildungspolitisch gilt es die zahlreichen entwickelten und evaluierten Modellprogramme auf ihre Übertragbarkeit hin zu überprüfen und die besonders tragfähigen Konzepte breit für die Weiterbildung nutzbar zu machen. Hier haben Wissenschaft und Administration die Aufgabe, die Verbreitung bewährter Modelle voranzutreiben und so Innovationen zu verstetigen. Schließlich ist mit der Früherkennung von Qualifikationserfordernissen auf dem Arbeitsmarkt gerade erst ein neues Forschungsfeld eröffnet worden, dessen Potential für die Weiterbildungsforschung noch kaum absehbar und dennoch vielversprechend ist. Mit neuen Erkenntnissen zur Entwicklung von Qualifikationsanforderungen könnten sich Weiterbildungsanbieter rationaler auf eine veränderte Nachfrage einstellen und reagieren. Darüber hinaus fehlen aktuell noch repräsentative Längsschnittdaten zum Bildungsverhalten der bundesdeutschen Bevölkerung, die auch Rückschlüsse auf Alters- und Kohorteneffekte zuließen und überdies Erkenntnisse zu Bildungsrenditen liefern könnten. In anderen europäischen Ländern – z.B. in Großbritannien – existieren bereits Bildungspanels, die seit Jahrzehnten eine fundierte Datenbasis für längsschnittliche Analysen liefern (Bynner/Schuller/Feinstein 2004; Schuller et al. 2004). Durch entsprechende Daten könnten dann auch Auswirkungen von Bildungsaktivitäten auf andere Lebensbereiche (z.b. Gesundheit, Freizeit) sichtbar gemacht werden.

Literatur

Alheit, P./Dausien, B./Kaiser, M./Truschkat, I. (2003): Neue Formen (selbst)organisierten Lernens im sozialen Umfeld. Qualitative Analyse biographischer Lernprozesse in innovativen Lernmilieus. Berlin: ABWF.
Arbeitsgemeinschaft QUEM (Hrsg.) (2002): Kompetenzentwicklung 2002. Auf dem Weg zu einer neuen Lernkultur. Rückblick – Stand – Ausblick. Münster: Waxmann.
Baethge, M./Baethge-Kinsky, V. (2002): Arbeit – die zweite Chance. Zum Verhältnis von Arbeitserfahrungen und lebenslangem Lernen. In: Arbeitsgemeinschaft QUEM (Hrsg.): Kompetenzentwicklung 2002. Auf dem Weg zu einer neuen Lernkultur. Rückblick – Stand – Ausblick. Münster: Waxmann, 69-140.
Balli, Ch./Krekel, E.M./Sauter, E. (Hrsg.) (2002): Qualitätsentwicklung in der Weiterbildung. Bonn.
http://www.bibb.de/dokumente/pdf/wissenschaftliche_diskussionspapiere_62.pdf.
Barz, H./Tippelt, R. (Hrsg.)(2004): Weiterbildung und soziale Milieus in Deutschland. Band 2: Adressaten- und Milieuforschung zu Weiterbildungsverhalten und -interessen. Bielefeld: Bertelsmann.
Becker, G.S. (1975): Human Capital. A theoretical and empirical analysis, with special reference to education. 2nd Edition. New York: Columbia University Press.
Bellmann, L./Leber, U. (2004): Ältere Arbeitnehmer und betriebliche Weiterbildung. In: G. Schmid, M. Gangl, P. Kupka (Hrsg.): Arbeitsmarktpolitik und Strukturwandel: Empirische Analysen. Nürnberg: IAB, 19-35.
Brems, St./Gruber, H. (2003): Aktuelle Entwicklungen der Hochschuldidaktik an den Universitäten Bayerns. Universität Regensburg: Zentrum für Hochschul- und Wissenschaftsdidaktik.
Brosi, W./Krekel, E.M./Ulrich, J.G. (2003): Delphi-Erhebung zur Identifikation von Forschungs- und Entwicklungsaufgaben in der beruflichen Aus- und Weiterbildung. Bonn: BIBB.
Büchter, K. (2003): Zum Verhältnis von Qualifikationsforschung und Curriculumkonstruktion in der Berufsbildungs- und Weiterbildungsdiskussion. In: R. Huisinga, U. Buchmann (Hrsg.): Curriculum und Qualifikation: Zur Reorganisation von Allgemeinbildung und Spezialbildung. Frankfurt/M.: G.A.F.B.-Verlag, 267-295.
Büchter, K./Kipp, M. (2003): Historische Berufsbildungsforschung. Positionen, Legitimationen und Profile – ein Lagebericht. In: Sektion Historische Bildungsforschung der DGfE (Hrsg.): Jahrbuch für historische Bildungsforschung 9. Bad Heilbrunn: Klinkhardt, 301-324.
Bund-Länder-Kommission für Bildungsforschung (1974): Bildungsgesamtplan. Stuttgart: Klett.

Bund-Länder-Kommission (2004): Strategie für Lebenslanges Lernen in der Bundesrepublik Deutschland. Materialien zur Bildungsplanung und zur Forschungsförderung, Heft 115. Bonn: BLK.

BMBF (Hrsg.) (2004): Lernende Regionen – Förderung von Netzwerken. Programmdarstellung. Berlin: BMBF.

Bynner, J./Schuller, T./Feinstein, L. (2003): Wider Benefits of Learning: Skills, Higher Education and Civic Engagement. In: Zeitschrift für Pädagogik, 49. Jg., H. 3, 341-361.

Dehnbostel, P. (2002): Modelle arbeitsbezogenen Lernens und Ansätze zur Integration formellen und informellen Lernens. In: M. Rohs (Hrsg.): Arbeitsprozessintegriertes Lernen. Neue Ansätze für die berufliche Bildung. Münster: Waxmann, 37-57.

Dehnbostel, P. (2005): Informelles Lernen in betrieblichen und arbeitsbezogenen Zusammenhängen. In: K. Künzel (Hrsg.): Internationales Jahrbuch der Erwachsenenbildung. Band 31/32: Informelles Lernen – Selbstbildung und soziale Praxis. Köln: Böhlau, 143-164.

Dehnbostel, P./Molzberger, G./Overwien, B. (2003): Informelles Lernen in modernen Arbeitsprozessen dargestellt am Beispiel von Klein- und Mittelbetrieben der IT-Branche. Berlin: BBJ Verlag.

Derichs-Kunstmann, K./Faulstich, P./Schiersmann, Ch./Tippelt, R. (Hrsg.) (1997): Weiterbildung zwischen Grundrecht und Markt. Rahmenbedingungen und Perspektiven. Opladen: Leske + Budrich.

Dobischat, R./Husemann, R. (Hrsg.) (1995): Berufliche Weiterbildung und freier Markt? Regulationsanforderungen der beruflichen Weiterbildung in der Diskussion. Berlin: Edition Sigma.

Dohmen, G. (2001): Das informelle Lernen. Die internationale Erschließung einer bisher vernachlässigten Grundform menschlichen Lernens für das lebenslange Lernen aller. Bonn: BMBF.

Ertl, H. (2003): Anerkennung beruflicher Qualifikationen im Rahmen des Systems der National Vocational Qualifications. In: G.A. Straka (Hrsg.): Zertifizierung non-formell und informell erworbener beruflicher Kompetenzen. Münster: Waxmann, 69-82.

Euler, D. (2003): Potentiale von Modellversuchsprogrammen für die Berufsbildungsforschung. In: Zeitschrift für Berufs- und Wirtschaftspädagogik, 99, 201-212.

Falk, S./Sackmann, R. (2000): Risikoreiche Berufseinstiege in Ostdeutschland? Ein Ost-West-Vergleich. In: Zeitschrift für Soziologie der Erziehung und Sozialisation. 3. Beiheft, 91-108.

Fröhlich, W./Jütte, W. (Hrsg.) (2004): Qualitätsentwicklung in der postgradualen Weiterbildung. Internationale Entwicklungen und Perspektiven. Münster: Waxmann.

Heinold-Krug, E./Meisel, K. (Hrsg.) (2002): Qualität entwickeln – Weiterbildung gestalten. Handlungsfelder der Qualitätsentwicklung. Bielefeld: Bertelsmann.

Kaltschmid, J. (1999): Biographische und lebenslauftheoretische Ansätze und Erwachsenenbildung. In: R. Tippelt (Hrsg.): Handbuch Erwachsenenbildung/Weiterbildung. Opladen: Leske + Budrich, 97-120.

Kell, A. (2003): Qualifikationsforschung und Curriculumforschung als Bereiche interdisziplinärer Berufsbildungsforschung. In: R. Huisinga, U. Buchmann (Hrsg.): Curriculum und Qualifikation: Zur Reorganisation von Allgemeinbildung und Spezialbildung. Frankfurt/M.: G.A.F.B.-Verlag, 235-247.

Kiefer, T. (1997): Von der Erwerbsarbeit in den Ruhestand. Theoretische und empirische Ansätze zur Bedeutung von Aktivitäten. Freiburg/Schweiz: Universitätsverlag.

Knopf, D. (2000a): Bildung(skonzepte) zur Vorbereitung auf das Leben nach der Erwerbstätigkeit. In: P. Zennan (Hrsg.): Selbsthilfe und Engagement im nachberuflichen Leben. Weichenstellungen, Strukturen, Bildungskonzepte. Regensburg: Transfer Verlag, 179-190.

Knopf, D. (2000b): Lernen im Übergang von der Arbeit in den Ruhestand. In: S. Becker, L. Veelken, K.P. Wallraven (Hrsg.): Handbuch Altenbildung. Theorien und Konzepte für Gegenwart und Zukunft. Opladen: Leske + Budrich, 225-233.

Konrad, K. (2000): Selbstgesteuertes Lernen: Differentielle Effekte unterschiedlicher Handlungsfelder und demographischer Variablen. In: Unterrichtswissenschaft, 28. Jg., H. 1, 75-91.

Konrad, K. (2001): Selbstgesteuertes Lernen im Kontext persönlicher Selbstregulation, konstruktivistischer Lernumgebungen und situativer Rahmenbedingungen. In: Empirische Pädagogik, 15. Jg., H. 2, 283-303.

Kraft, S. (1999): Selbstgesteuertes Lernen. Problembereiche in Theorie und Praxis. In: Zeitschrift für Pädagogik, 45. Jg., H. 6, 833-845.

Krais, B. (1983): Bildung als Kapital – Neue Perspektiven für die Analyse der Sozialstruktur. In: R. Kreckel (Hrsg.): Soziale Ungleichheiten, Soziale Welt, Sonderband 2. Göttingen: Schwartz, 199-220.

Kuwan, H./Thebis, F. (2005): Berichtssystem Weiterbildung IX. Ergebnisse der Repräsentativbefragung zur Weiterbildungssituation in Deutschland. Hrsg. v. Bundesministerium für Bildung und Forschung. Bonn: BMBF.

Nagy, G./Köller, O./Heckhausen, J. (2005): Der Übergang von der Schule in die berufliche Erstausbildung. In: Zeitschrift für Entwicklungspsychologie und Pädagoische Pyscholgie, 37. Jg., H. 3, 156-167.

Nuissl von Rein, E. (1999): Ordnungsgrundsätze der Erwachsenenbildung. In: R. Tippelt (Hrsg.): Handbuch Erwachsenenbildung/Weiterbildung. Opladen: Leske + Budrich, 389-401.

Nuissl von Rein, E./Pehl, K. (2004): Portrait Weiterbildung: Deutschland. Bielefeld: Bertelsmann.

OECD (Ed.) (1996): Lifelong Learning for all. Paris: OECD.

Reich, J./Tippelt, R. (2004): Gestaltung didaktischer Handlungsfelder im Kontext der Milieuforschung. In: Hessische Blätter für Volksbildung. Zeitschrift für Erwachsenenbildung in Deutschland, 54. Jg., Nr. 1, 23-36.

Schaffert, S./Schmidt, B. (2004): Inhalt und Konzeption der „bildungsforschung". In: bildungsforschung 1/1. Abrufbar unter www.bildungsforschung.org/Archiv/2004-01/einfuehrung.

Schemme, D. (Hrsg.) (2001): Qualifizierung, Personal- und Organisationsentwicklung mit älteren Mitarbeiterinnen und Mitarbeitern. Bonn: BIBB.

Schiersmann, Ch./Iller, C./Remmele, H. (2001): Aktuelle Ergebnisse zur betrieblichen Weiterbildungsforschung. In: REPORT 48: Literatur und Forschungsreport Weiterbildung, 8-36.

Schmidt, B. (2004): Virtuelle Lernarrangements für Studienanfänger. Didaktische Gestaltung und Evaluation des Online-Lehrbuchs Jugendforschung. München: Utz.

Schmidt, B./Tippelt, R. (2005a): Besser lehren – Neues von der Hochschuldidaktik. In: U. Teichler, R. Tippelt (Hrsg.): Hochschullandschaft im Wandel. 50. Beiheft der Zeitschrift für Pädagogik, 103-114.

Schmidt, B./Tippelt, R. (2005b): Lehrevaluation. In: I. Gogolin, H.-H. Krüger, D. Lenzen, T. Rauschenbach (Hrsg.): Standards und Standardisierung in der Erziehungswissenschaft. Beiheft der Zeitschrift für Erziehungswissenschaft, 227-242.

Schuller, T./Preston, J./Hammond, C./Brassett-Grundy, A./Bynner, J. (Eds.) (2004): The Benefits of Learning. The impact of education on health, family life and social capital. London: Routledge Falmer.

Schultz, Th.W. (1960): Capital Formation by Education. In: Journal of Political Economy, 68/6, 571-583.

Schumacher, E. (Hrsg.) (2004): Übergänge in Bildung und Ausbildung – pädagogische, subjektive und gesellschaftliche Relevanzen. Bad Heilbrunn: Klinkhardt.

Straka, G.A. (Hrsg.) (2003): Zertifizierung non-formell und informell erworbener beruflicher Kompetenzen. Münster: Waxmann.

Tippelt, R. (2000): Der schwierige Übergang vom Bildungs- in das Beschäftigungssystem – Notwendigkeit und Möglichkeit zur Weiterbildung. In: CH. Harteis, H. Heid (Hrsg.): Aktualität von Weiterbildung. Opladen: Leske + Budrich, 69-79.

Tippelt, R. (2002): Einleitung des Herausgebers. In: R. Tippelt (Hrsg.): Handbuch Bildungsforschung. Opladen: Leske + Budrich, 9-20.

Tippelt, R. (2004): Institutionen der Weiterbildung. In: H.-H. Krüger, C. Grunert (Hrsg.): Wörterbuch für Erziehungswissenschaften. Opladen: UTB/Leske + Budrich, 29-134.

Tippelt, R. (2005): Overall reflection – Educational Perspective. In: Third Lifelong Learning Network Meeting. Report: Learning Sciences and Brain Research. January 21.-22. 2005, Wako-shi, Saitama, Japan. RIKEN Brain Science Institute, OECD - CERI.

Tippelt, R./Hoh, R. (1999): Berufsbildungsforschung in der Erwachsenenbildungsforschung. In: J. van Buer, A. Kell, E. Wittmann (Hrsg.): Berufsbildungsforschung in ausgewählten Wissenschaften und multidisziplinären Forschungsbereichen. Teil II: Berichte zu multidisziplinären Forschungsbereichen. Berlin: Humboldt-Universität, 41-111.

Tippelt, R./Kasten, Ch./Dobischat, R./Federighi, P./Feller, Th. (2005): Regionale Netzwerke zur Förderung lebenslangen Lernens – Lernende Regionen. In: R. Fatke, H. Merkens (Hrsg.): Bildung über die Lebenszeit. Wiesbaden: VS Verlag für Sozialwissenschaften.

Tippelt, R./von Hippel, A./Reich, J./Reupold, A. (2006, in Druck): Deutscher Länderbericht – Heterogenität, Gerechtigkeit und Exzellenz. In: OECD-CERI- Seminarreihe „Lebenslanges Lernen in der Wissensgesellschaft". Nottwil: OECD.

Werner, Ch. (2005): Kompetenzentwicklung und Weiterbildung bei Mitarbeitern in der zweiten Berufslebenshälfte. http://edoc.ub.uni-muenchen.de/archive/00003839/01/Werner_Christian.pdf.

Wilbers, K. (2004): Die Bedeutung von Berufsbildungsnetzwerken – Lehr-/lerntheoretische, institutionell-systemische, ökonomische Perspektiven auf ein aktuelles Konzept der Berufsbildungsforschung. In: K. Wilbers (Hrsg.): Das Sozialkapital von Schulen. Die Bedeutung von Netzwerken, gemeinsamen Normen und Vertrauen für die Arbeit von und in Schulen. Bielefeld: Bertelsmann, 67-90.

Winteler, A. (2003): Ein Programm zur Entwicklung und Veränderung von Konzeptionen des Lehrens und Lernens. In: U. Welbers (Hrsg.): Hochschuldidaktische Aus- und Weiterbildung. Grundlagen – Handlungsformen – Kooperationen. Bielefeld: Bertelsmann, 141-150.

Wosnitza, M. (2000): Motiviertes Selbstgesteuertes Lernen im Studium. Theoretischer Rahmen, diagnostisches Instrumentarium und Bedingungsanalyse. Landau: Empirische Pädagogik e.V.

Riskante Flexibilität

Situation und Perspektiven des Hauptfachs Erziehungs- und Bildungswissenschaft: Schwerpunkt Erwachsenenbildung

Peter Faulstich, Gernot Graeßner

Gegenüber der „Versäulung" von Schule und Hochschule unterscheidet sich Erwachsenenbildung durch einen geringeren Grad an Festlegung, Kontinuität und Stabilität. Diese flexiblen Systemstrukturen sind als „mittlere Systematisierung" bezeichnet worden (Faulstich et al. 1991). Gleichzeitig ist die Erwachsenenbildung damit aber auch anfällig gegen Schwankungen im Umfeld: durch ökonomische Entwicklungen, kulturell-normative Einschätzungen, demographische Tendenzen und politische Verschiebungen. Dies macht den langfristigen Bedeutungszuwachs immer wieder riskant und erzeugt gegenläufige Tendenzen. Besonders gegenüber ökonomischen und finanziellen Restriktionen erfolgen sowohl die Politik des Staates als auch die Strategien der Unternehmen angesichts konjunktureller Schwankungen eher prozyklisch, das heißt, statt gegenläufig zu Wachstumsreduktionen mit Kompetenzentwicklung zu reagieren, werden resultierende Abwärtstrends eher noch verstärkt. Dies betrifft vor allen Dingen zwei Bereiche der „mittleren Systematisierung": Finanzierung und Professionalisierung.

Problemsymptome zeigen sich auf drei Ebenen, nämlich erstens der Angebots- und Nachfrageentwicklung, zweitens der Situation des Personals und dessen Beschäftigungsmöglichkeiten sowie drittens bei Ausbildungs- und Studienmöglichkeiten. Es kann dann zu sich überlagernden sinkenden Entwicklungskurven kommen, welche die Lernmöglichkeiten, die Profession und die Disziplin gleichzeitig treffen. Die Studienangebote für Erwachsenenbildung im Rahmen des Hauptfachs Erziehungs- und Bildungswissenschaft sind dafür ein Beispiel dadurch provozierter disziplinärer Instabilität.

Durch die europaweite Umstellung der Studienstrukturen auf BA-MA-Studien wird der Hauptfachstudiengang Erziehungswissenschaft und besonders der Schwerpunkt Erwachsenenbildung destabilisiert. Während man gerade begonnen hatte, eine Erfolgsgeschichte der Perspektiven im Tätigkeitsfeld zu schreiben (Krüger/Rauschenbach 2003), wird diese abgebrochen und in den Prozess einer konsequenten „Bolognarisierung" hineingezogen. Mit der Schaffung einheitlicher Grundstrukturen der Hochschulsysteme in Europa wird die gerade erreichte Stabilität des Hauptfaches aufgelöst und seine weitere Entwicklung grundsätzlich problematisch. Viele Hochschulen befinden sich mittlerweile in einem Umstellungsprozess. Meist wird dieser als wenig sinnvoll erachtet; es herrscht aber die Devise „Augen zu und durch", weil angesichts der angestoßenen Prozesse kaum noch Ausweich- oder Widerstandsmöglichkeiten bestehen. Die Risiken werden verstärkt, weil gleichzeitig nicht nur der Bologna-Prozess, sondern mindestens auch die Reorganisation durch neue Managementstrukturen in den Hochschulen und außerdem die ambitionierten Forderungen nach Exzellenz und Elite parallel laufen.

Im Rahmen resultierender widersprüchlicher Tendenzen verfolgen die einzelnen Hochschulstandorte unterschiedliche Gestaltungsstrategien, welche gegenwärtig statt Vereinheitlichung eher eine stärkere Diversität und Diffusität erzeugen. Um einen Überblick zu erreichen, haben wir unsere Hochschulerhebung (Faulstich/Graeßner 2003) fortgesetzt und eine Bestandsaufnahme über die gegenwärtigen Reorganisationsbemühungen vorgelegt. Das Ergebnis zeigt, dass der Prozess der „Bolognarisierung" im Hauptfach Erziehungswissenschaft, Schwerpunkt Erwachsenenbildung, erst in Ansätzen greift, gleichzeitig verstärkte Unsicherheiten entstehen und unterschiedliche, teils gegenläufige Strategien verfolgt werden.

1. Stand „marginaler Professionalisierung"

Die Situation des Personals in der Weiterbildung ist gekennzeichnet durch hohe Diffusität. Das gilt schon für die statistische Erfassung dieses Bereichs, für welchen angemessene Erhebungen kaum vorliegen. Man ist deshalb gezwungen, auf Partialstatistiken und punktuelle Erhebungen zurückzugreifen.

Die Pilot-Studie des BMBF „Berufliche und soziale Lage der Lehrenden in der Weiterbildung" (BMBF 2004) belegt, bezogen auf die Ausbildung, dass mit gut zwei Dritteln die überwiegende Mehrheit des Personals in der Weiterbildung einen akademischen Abschluss hat. Dies ist allerdings keineswegs immer ein Studium der Erziehungs- oder Bildungswissenschaft. 21 Prozent der Befragten verfügt über ein abgeschlossenes Lehramtsstudium, 18% über ein Pädagogikstudium, weitere 18% über eine trägerspezifische Fortbildung, ein knappes Drittel über eine sonstige pädagogische Ausbildung. Fast ein Viertel hat jedoch gar keinen Abschluss im Bereich der Erziehungs- und Bildungswissenschaft nachzuweisen (BMBF 2004, 32). Es gibt also eine weiter bestehende Vielfalt von Aus- und Fortbildungswegen als Zugänge zum Tätigkeitsbereich Weiterbildung.

Die arbeitsrechtliche Situation ist dadurch gekennzeichnet, dass das Personal in der Weiterbildung nur zu einem geringen Anteil in festen Anstellungsverhältnissen arbeitet, der überwiegende Teil arbeitet auf Honorarbasis. Geschätzt werden können ungefähr 15% von Hauptberuflichkeit (ebd., 22). Die Arbeitsverhältnisse haben sich in der letzten Zeit eher noch destabilisiert, wie sich vor allen Dingen im Segment der SGB-III geförderten Weiterbildung belegen lässt.

Es war allerdings in den mehr als 30 Jahren, in welchen der Hauptfachstudiengang Erziehungswissenschaft besteht, gelungen, langsam eine „aktive Professionalisierung" umzusetzen, welche dazu geführt hat, dass Absolventen mit einschlägigem Abschluss in der Erziehungs- und Bildungswissenschaft in der Weiterbildung zunehmend Fuß fassten. Dieser Entwicklungspfad wird nun abgebrochen und auf eine neue Spur gesetzt.

2. „Bolognarisierung" des Hauptfachs Erziehungs- und Bildungswissenschaft: Schwerpunkt Erwachsenenbildung

Unsere Erhebungen 2005 belegen, dass bisher, bezogen auf die Umsetzung der BA-MA-Strukturen in den einzelnen Hochschulstandorten, wenig erfolgt ist. An vielen Standorten werden noch Diplomstudiengänge angeboten, dabei gibt es meist Planungen für die Reorganisierung, diese sind aber noch nicht in das Stadium der Neuangebote getreten.

Das im Sommer 2005 erhobene Bild auf der Basis einer Internet-Recherche zeigt: Von 49 Hochschulen, die einen Schwerpunkt *Erwachsenenbildung* oder *Weiterbildung* in ihrem Profil verankert haben, bieten 33 den Diplom-Abschluss, sechs einen Bachelor, sechs einen Master und 14 einen Magister-Abschluss an (vgl. Tabelle 1).

Tabelle 1: Abschlussarten

	2003[1]	2005
Diplom	34	33
Bachelor	4	6
Master	5	6
Magister	13	14[2]
Gesamt	56	59

1) Vgl. Faulstich/Graeßner (2003, 20)
2) Ein Magisterstudiengang war 2003 nicht gemeldet worden.

Diese Situation unterscheidet sich noch wenig von den Erhebungen 2001 bzw. 2004 (vgl. Faulstich/Graeßner 2005, 177f.). Auf Grund politischer Setzungen ist allerdings in einigen Bundesländern für 2006/2007 mit einer Welle von Umstellungen auf das konsekutive BA-MA-Modell zu rechnen – bei Auslaufen der bisherigen Diplomstudiengänge und auch der Magisterstudiengänge. Dieses gilt auch, wenn man die Weiterbildungsangebote im Bereich Weiterbildung/Erwachsenenbildung einbezieht.

Tabelle 2: Studienangebote: Erwachsenenbildung/Weiterbildung

	2003[1]	2005
Grundständige Studiengänge	56	59
Weiterbildungsangebote	25	18
Gesamt	81	77

1) Vgl. Faulstich/ Graeßner (2003, 15)

Allerdings wurden bei den Weiterbildungsangeboten sieben Programme weniger verzeichnet, sei es, dass sie eingestellt wurden oder die Einstellung angekündigt ist. Ob die Abnahme der Weiterbildungsangebote mit der Marktsituation zu tun hat oder auch eine Folge der Umbruchsituation im Bereich des grundständigen Studiums ist, kann nur vermutet werden. Es ist allerdings anzunehmen, dass gegenwärtig in den Hochschulen eine abwartende Haltung bei der Planung neuer Angebote vorherrscht, da der Stellenwert des weiterbildenden Studiums ohne Graduierung noch nicht bestimmbar ist, andererseits aber bisherige Studienformen wie die Zusatz- und Ergänzungsstudien wegen geänderter gesetzlicher Regelungen auslaufen. Außerdem werden in den Hochschulen durch den Bologna-Prozess Kräfte gebunden, die dem Weiterbildungs-Engagement andernfalls zugute kommen könnten.

Andererseits finden sich erste *„Master of ..."* -Angebote (vgl. Tabelle 3). Diese wurden z.T. aus bestehenden Angeboten mit dem Charakter eines weiterbildenden Studiums entwickelt (und fallen dementsprechend in dieser Kategorie weg) oder sind Neuentwicklungen, die nach interdisziplinären, kooperativen Möglichkeiten suchen, die mit dem modularisierten System der Master-Konstruktionen gegeben ist (vgl. Tabelle 3).

Mit Blick auf die „Weiterbildungs-Master" wird u.a. die Frage entstehen, ob sich eine Vielzahl sehr unterschiedlicher Studienangebote mit jeweils sehr spezialisierten Inhalten und mit einer jeweils eigenen *„Master of"*- Spezialbezeichnung entwickeln oder ob sich eine Struktur herausbildet, die innerhalb eines durch die Disziplin definierten Feldes unterschiedliche Schwerpunkte, Optionen und Varianten unter dem Dach einer übergreifenden Bezeichnung (z.B. *Master of Adult Education*, Schwerpunkt/Spezialisierung ...) ermöglicht.

Tabelle 3: Weiterbildende Studienangebote

	2003[1]	2005
Weiterbildendes Studium	14	9
Zusatzstudium	4	4
Ergänzungsstudium	2	1
Aufbaustudium	5	1
Master of ...	0	3
Gesamt	25	18

1) Vgl. Faulstich/Graeßner (2003, 33)

3. Strategietypen bezogen auf das Hauptfach Erziehungs- und Bildungswissenschaft: Schwerpunkt Erwachsenenbildung

Durch die Tatsache, dass der Bologna-Prozess gleichzeitig mit einer umfassenden Reorganisation der Managementstrukturen in den Hochschulen, erheblichen Kürzungen in den Etats und der Debatte über Exzellenz greift, gerät das Hauptfachstudium Erziehungswissenschaft unter Druck. Die Ressourcen werden knapper kalkuliert und der Nachweis von Erfolgen wird in Evaluationen verlangt. Zusätzlich wirkt an den meisten Hochschulstandorten eine Priorität der Lehrerausbildung fort, so dass das Hauptfach oft als Anhängsel begriffen wird. Die Tatsache, dass die Disziplin Erziehungswissenschaft einerseits der Ausbildung für die Lehrämter dient, andererseits und gleichzeitig sich aber mit dem Diplom ein eigenes Hauptfach geschaffen hatte, ist keineswegs als selbstverständliche Größe in den Köpfen der Akteure und auch vieler Professoren, die immer noch ausschließlich an Schule orientiert sind und andere, „außerschulische" Tätigkeitsfelder nicht kennen. Es besteht also das Problem, dass eine Dominanz der Lehrerausbildung das Hauptfach wieder marginalisiert.

Demgegenüber wäre es notwendig, koordinierte Strategien zu betreiben, um die disziplinäre Stabilität der Erziehungs- und Bildungswissenschaft zu sichern und ihr Profil zu schärfen. Dafür sind die Entwicklungen von tätigkeitsbezogenen Schwerpunkten unabdingbare Voraussetzungen.

Betrachtet man allerdings die vorliegenden Ergebnisse, erscheint die Situation als mindestens problematisch. Es werden unterschiedliche, teils divergierende Strategien betrieben. Insgesamt gibt es fünf Strategietypen: Eine BA-Strategie, eine MA-Strategie, eine BA-MA-Strategie sowie eine Promotionsstrategie. Dazu kommt die Strategie, auf Weiterbildung zu setzen.

Angesichts des Umstellungsdrucks haben zum Beispiel die Hochschulen in Nordrhein-Westfalen schnell ihre Diplom-Angebote einstellen müssen. Entsprechend wurden zunächst, beginnend mit der ersten Stufe, BA-Angebote geplant. Dies gilt zum Beispiel auch für die weitgehend fortgeschrittenen Planungen in Hamburg.

Tabelle 4: Modulstruktur BA Erziehungs- und Bildungswissenschaft Hamburg

Teilbereiche	Module	SWS	LP	WLS
I. Erziehungs- und Bildungswissenschaft				
Allgemeine Erziehungswissenschaft	4	32	48	1440
Studienschwerpunkt I (intern)	3	24	36	1080
II. Studienschwerpunkt II (intern) *oder*	3	24	36	1080
Nebenfach (extern)	3	24	36	1080
+ Nebenfach-Prüfung			5	150
III. Allg. berufsqalifizier ende Kompetenzen (ABK)	2	13	18	540
Praktikum			11	330
IV. Wahlbereich	2	12	18	540
V. BA-Arbeit			8	240
Summe	14	105	180	5400

Anm.: SWS = Semesterwochenstunden; LP = Leistungspunkte; WLS = Workload-Stunden

Tabelle 5: Studienschwerpunkt EWB (intern): Erwachsenen-/Weiterbildung

	SWS	LP	WLS
EWB M 1:Arbeitsfelder u. Aufgabengebiete			
1. Schwerpunkte (allg., berufl./betriebl., polit. Weiterbildung)	2	4	120
2. Biographie, Sozialisation und Lernen	2	4	120
3. Institutionen und Medien in der Erwachsenenbildung	2	4	120
Summe	6	12	360
EWB M 2:Geschichte und Theorien			
1. Theoriekonzepte, Grundbegriffe u. Ansätze der EB	2	4	120
2. Entwicklung, Anforderungen u. gesell. Kontext der EB	2	4	120
3. Forschungsthemen und –methoden	2	4	120
Summe	6	12	360
EWB M 3:Handlungskompetenz en			
1. Lehren und Lernen in der Erwachsenenbildung	2	4	120
2. Planung, Organisation, Management u. Finanzierung	2	4	120
3. Beratung, Informationssysteme und Support	2	4	120
Summe	6	12	360

Anm.: SWS = Semesterwochenstunden; LP = Leistungspunkte; WLS = Workload-Stunden

Ähnlich wie an anderen Hochschulen wird gegenwärtig auch an der Universität Bielefeld an einem Konsens gearbeitet, der die Struktur eines nicht auf die Lehrerausbildung bezogenen erziehungswissenschaftlichen BA- und MA-Studiums beinhaltet. Die Schwierigkeiten der Umstellung werden deutlich, wenn es um den Erhalt bisheriger, bewährter und ausgeglichener Strukturen der Arbeitsteilung und der Schwerpunkte in der Fakultät geht. Es wird versucht, sowohl ein klares Lehrprofil für ein BA-Studium zu schaffen als auch ein davon abgegrenztes MA-Studium konsekutiver Art. Das, was gegenwärtig in den Planungen unter wissenschaftlichen Aspekten, unter Aspekten der Profilbildung und den Aspekten professionsbezogener Reflexionen diskutiert wird, muss sich insbesondere auch unter kapazitativen Aspekten planerisch bewähren. Dabei muss zugleich das aktuelle und künftige Forschungsprofil der Fakultät mitbedacht werden.

Es kommt bei zahlreichen Hochschulen eine weitere Schwierigkeit hinzu: Die Umstellung der Studiengänge fällt zusammen mit einem nahezu zeitgleichen personellen Umbruch infolge einer hohen Emeritierungs- bzw. Pensionierungsquote des wissenschaftlichen Personals. Die Planungen sind demgemäß angewiesen auf eine proaktive Politik, die sich in einer durch politische Setzungen reaktiven Entscheidungslandschaft zu bewähren hat.

Bei der Erarbeitung der neuen Konzepte musste festgestellt werden, dass durch die notwendige Kontinuität des Angebots, die Modularisierung, die Prüfungsbelastungen und die steigenden Lehrbelastungen die Kapazitäten an vielen Standorten kaum ausreichen, um überhaupt auch nur eine BA-Struktur in der Erziehungs- und Bildungswissenschaft mit unterschiedlichen Schwerpunkten zu realisieren. Die Gefahr besteht, dass die Ressourcen durch die BA-Aktivitäten aufgefressen werden und eine Fortführung auf der Masterebene kaum möglich sein wird – an die dann auch zu curricularisierende Promotionsphase kaum zu denken.

Demgemäß haben einige Hochschulstandorte sofort auf die Master-Ebene zugegriffen. Dabei entstehen Sträuße mit bunten, vielfältigen Blüten. Die Grenze zu Weiterbildungsstudiengängen ist dabei offen. Durch Vorgaben der Kultusministerkonferenz, der Hochschulrektorenkonferenz und des Akkreditierungsrates sind einige Prämissen festgelegt, die sich aber immer noch verschieben. Die Akkreditierungsagenturen haben dabei große Spielräume. Vorreiter sind an einigen Hochschulen weiterbildende Studienangebote, die entweder in konsekutive oder in weiterbildende MA-Strukturen umgewandelt werden.

Ein Bespiel ist der „Master of higher Education" an der Universität Hamburg, der aus einen Modellversuch hervorgegangen ist. Das Studienangebot wurde modularisiert und ist akkreditiert.

Tabelle 6: Modulstruktur „Master of Higher Education" Universität Hamburg

Einführungsvorlesung: z.b. Forschungsprobleme der Hochschuldidaktik z.b. Selbstverständnis der Hochschule und Lehre	1 cp
Planungskompetenz Veranstaltungsplanung &Unterrichtsorganisation Qalität, Evaluation & Prüfungen Modulprüfung (bspw. Klausur)	9 cp 4 cp 4 cp 1 cp
Leitungskompetenz Dimensionen der Leitungspersönlichkeit Kommunikation &Lernen Modulprüfung (bspw. Forschungsreferat)	9 cp 4 cp 4 cp 1 cp
Methodenkompetenz Lehre, Didaktik &Unterrichtsmethoden Lernumgebungen &Lernmethoden Modulprüfung (bspw. Unterrichtsentwurf und –experiment)	9 cp 4 cp 4 cp 1 cp
Medienkompetenz Multimedia &Hypermedia e-Learning &Blended Learning Modulprüfung (bspw. Software-Analyse)	9 cp 4 cp 4 cp 1 cp
Praxisbegleitseminar	6 cp
Master-Thesis: Unterrichtsdokumentation &Lehr portfolio	15 cp
Mündliche Abschlussprüfung inkl. Vorbereitung	2 cp
Gesamt	60 cp

Mit dem Studium der Berufs- und Erwachsenenpädagogik in der internationalen Entwicklungsarbeit bietet etwa auch die TU Dresden einen Masterabschluss. Dieser setzt einen wissenschaftlicher Hochschulabschluss auf naturwissenschaftlich- technischem, wirtschaftswissenschaftlichem oder erziehungswissenschaftlichem Gebiet sowie eine mindestens zweijährige einschlägige berufliche Tätigkeit voraus. Hierdurch wird Neuland betreten: Zum einen profiliert sich die Erwachsenenbildung in einem Feld, das durch ein spezifisches Tätigkeitsprofil ausgewiesen ist und knüpft damit an frühere Traditionen des Aufbaustudiums an. Zum anderen wendet es sich an Interessenten, die eine vorgängig andere als erziehungswissenschaftliche Hochschulbildung erworben haben und im Beruf stehen bzw. aus beruflichen Zusammenhängen heraus dieses Studium anstreben. Damit knüpft das Angebot an das (nicht graduierbare) weiterbildende Studium an. Dieses Modell kann auch so gelesen werden, das es die „Bolognarisierung" nutzt, um wissenschaftliche Weiterbildung durch Graduierung zu positionieren und der Berufs- und Erwachsenenpädagogik einen profilierenden Ausweis zu verschaffen.

Diese Strategie ist darauf angewiesen, dass Studieninteressenten aus anderen Feldern in die Erziehungs- und Bildungswissenschaft einmünden. Man produziert also nicht den eigenen Nachwuchs, sondern muss Absolventen anderer Studiengänge aufnehmen, was ein Vorteil, bezogen auf Interdisziplinarität, sein kann, gleichzeitig aber disziplinäre Identität eher gefährdet. Außerdem ist gegenwärtig noch ungeklärt, welcher Anteil der Absolventen der BA-Phase überhaupt weiterstudieren darf und in die Masterphase einmündet. Der Versuch, ein Gesamtkonzept für BA-MA-Strukturen zu entwickeln, ist deshalb nahe liegend.

So wurden an der Ruhr-Universität Bochum bereits seit 2001 in zahlreichen Fächern, darunter die Erziehungswissenschaft, gestufte BA-MA-Studiengänge eingeführt. Im Rahmen dieser Studiengänge kann das Fach Erziehungswissenschaft mit einem zweiten Fach kombiniert werden; nach dem BA-Abschluss ist dann der Übergang in ein Magister-Studium vorgesehen. Deutlich ist, dass von den Studierenden bei der Vielzahl der Möglichkeiten eine hohe Planungskompetenz bereits zu Beginn des Studiums erwartet wird. Zugleich ist bei dem Bochumer Modell die Verknüpfung mit der Lehrerausbildung in besonderer Weise sichtbar. Hier ist jedoch nicht geklärt, wie die Übergänge quantitativ laufen können und inwieweit dieses Modell kapazitär tragfähig ist.

Insofern ergäbe sich eine vierte Strategie, welche darauf abstellt, die disziplinäre Stabilität, welche hauptsächlich an Promotionen hängt, zu sichern. Allerdings gibt es dafür noch keine Entwicklungsmodelle, sondern nur die Grundüberlegung, dass es notwendig sei, diese Angebote zu realisieren; es gibt aber keine ausgeführten Beispiele.

In Ansätzen deutet sich eine fünfte Strategie an: Die Zahl der weiterführenden Studien ist in den letzten Jahren weitgehend stabil geblieben, einige Angebote sind eingestellt worden, andere sind neu entstanden. Es finden sich im Jahre 2005 aktuell 26 weiterführende Studienangebote im Feld der Erwachsenen- und Weiterbildung. Manche davon zielen deutlich auf eine stärker modulare Struktur, andere setzen auf die Hervorhebung der Internationalität ihres Profils, die *e-learning*- und *blended-learning*-Elemente scheinen sich tendenziell zu verstärken: Falls im Bereich nicht-konsekutiver Master-Studiengänge eine Chance der Profilierung gesucht wird, um dem durch den drohenden Wegfall des Diploms zu befürchtende Schleifen des Schwerpunktes „Erwachsenenbildung/Weiterbildung" zu begegnen, wird der Preis der Kommerzialisierung zu bezahlen sein. Solche Studienangebote sind sicherlich Gebührenpflichtig – weit über die Höhe sonstiger, „normaler" Studiengebühren hinaus.

4. In der Spannung zwischen Bedeutungszuwachs und Verschwinden

Die durch die „Bolognarisierung" erfolgte Destabilisierung des Hauptfachstudiums Erziehungs- und Bildungswissenschaft, Schwerpunkt Erwachsenenbildung, ist äußerst riskant. Langfristig kann man zwar davon ausgehen, dass die Bedeutung von Weiterbildung im Rahmen der Diskussion um „Lebenslanges Lernen" zunimmt. Gleichzeitig sind aber die Systemstrukturen weiterhin labil. Die Entwicklung des Hauptfachstudiums ist dabei ein gravierender Risikofaktor.

Strategisch käme es darauf an, einen Konsens an den beteiligten Hochschulstandorten herzustellen, dass es für die Entwicklung der Disziplin unabdingbar ist, ein Hauptfachstudium Erziehungs- und Bildungswissenschaft zu sichern. Dabei wäre es – so unsere Einschätzung – sinnvoll, in der BA-Phase eine breite Grundlage zu schaffen, welche zwar die einzelnen Tätigkeitsschwerpunkte berücksichtigt, diese aber nicht zu sehr ausdifferenziert. Sonst ist die kapazitäre Sicherstellung kaum zu leisten. In der MA-Phase könnten dann verschiedene Modelle je nach dem Profil der einzelnen Hochschule entwickelt werden. Wie man aus der jahrhundertelangen Tradition der deutschen Universität weiß, ist die Stabilität einer Disziplin, aber unabdingbar gebunden an die Möglichkeit, den eigenen Nachwuchs zu generieren. Insofern sollte notwendigerweise die Promotionsphase überlegt und entwickelt werden.

Die bisher belegbaren Tendenzen gehen in eine andere Richtung. Insofern wollen wir einen Beitrag leisten, das Risiko des Verschwindens eines durchaus erfolgreichen Modells – des Hauptfachs Erziehungswissenschaft – zu verringern. Dies wird nicht mehr im Rahmen des Diploms erfolgreich sein, sondern nur im Rahmen eines strategisch genutzten BA-MA-Konzepts.

Literatur

Bundesministerium für Bildung und Forschung (Hrsg.) (2004): Berufliche und soziale Lage der Lehrenden in der Weiterbildung. Bonn, Berlin: BMBF.
Faulstich, P./Graeßner, G. (2003): Studiengänge Weiterbildung in Deutschland. Grundständige Studiengänge und weiterführende Studienangebote für professionelle Lernvermittler an Hochschulen in Deutschland. Bielefeld (Sonderbeilage zum REPORT).
Faulstich, P./Graeßner, G. (2005): Studiengänge Erwachsenenbildung und Weiterbildung im Umbruch. In: Bildung und Erziehung, 58. Jg., Heft 2, 173-181.
Faulstich, P./Teichler, U./Bojanowski, A./Döring, O. (1991): Bestand und Perspektiven der Weiterbildung. Weinheim: Deutscher Studienverlag.
Krüger, H.-H./Rauschenbach, Th. u.a. (2003): Diplom-Pädagogen in Deutschland. Survey 2001. Weinheim: Juventa.

Professuren im Fach Erziehungswissenschaft – Denomination und Anzahl im Herbst 2005

Katrin Kaufmann, Hans Merkens

1. Zur Problematik der Beschreibung eines Ist-Zustandes

Die Entwicklung der Professuren nach Anzahl und Denomination im Fach Erziehungswissenschaft kann als Indikator für mögliche Bilanzierungen der Situation des Fachs zu verschiedenen Zeitpunkten herangezogen werden. Deshalb ist es nicht verwunderlich, dass bereits in zwei vorangehenden Datenreporten entsprechende Aufarbeitungen vorgenommen worden sind (Krüger/Weishaupt 2000, Merkens/Dreyer 2002). In den beiden vorangehenden Untersuchungen, die auf unterschiedlichen Quellen basierten, war eines der zentralen Themen die Veränderung der Anzahl der Professuren, bei denen mit entsprechenden Zeitreihen eine beträchtliche Abnahme im Zeitraum von 1980 bis 2002 nachgewiesen werden konnte. 2005 erweist sich, dass im Unterschied zu den früheren Jahren eine Stabilisierung bei der Anzahl der Professuren zu konstatieren ist. Der Stellenabbau ist im Vergleich der Zahlen auf der Bundesebene nicht mehr vorangeschritten, das stellt sich für einzelne Bundesländer und Hochschulen naturgemäß anders dar.

Als Datengrundlage können unterschiedliche Quellen herangezogen werden. Neben den Angaben der amtlichen Statistik (Krüger/Weishaupt 2000), kann die Grundlage eine Befragung bei allen Hochschulen bieten. Wir haben eine Auswertung der Internetseiten der verschiedenen Hochschulen durchgeführt (zu den Vor- und Nachteilen der verschiedenen Erhebungsmethoden vgl. Merkens/Dreyer 2002, 125f.).

Es kann angenommen werden, dass das Medium Internet mittlerweile von den meisten Hochschulen Deutschlands zur Selbstdarstellung und ebenfalls zu einem großen Teil von einzelnen Fachbereichen und Instituten genutzt wird, da bereits zum Erhebungszeitpunkt 2001 von einer hohen Präsenz der Hochschulen im Internet berichtet wurde (Merkens/Dreyer 2002, 126). Bei der diesjährigen Erhebung wurden sowohl die Personalverzeichnisse der Fakultäten bzw. Fachbereiche herangezogen wie auch die jeweiligen, sofern vorhandenen, Darstellungen der einzelnen Institute bzw. Arbeitsbereiche. Die Personalverzeichnisse weisen den Nachteil auf, dass in ihnen häufig keine Stellenbeschreibung oder Institutszugehörigkeit der einzelnen Personen angegeben sind, während durch die Präsentationen der einzelnen Institute zumindest auf die Schwerpunkte der einzelnen Professuren geschlossen werden kann, wenn nicht ohnehin, wie es häufig der Fall war, hier eine nähere Beschreibung/Benennung der Professuren vorgenommen wird. Dennoch ergaben sich bei der Recherche Schwierigkeiten, da nicht immer alle Websites dem aktuellen Stand angepasst sind und vor allem Emeriti oder Pensionäre wie auch Honorar- und außerplanmäßige Professoren häufig nicht als solche kenntlich ausgewiesen sind. In Zweifelsfällen und bei Unstimmigkeiten, die sich bspw. dann ergaben, wenn auf den verschiedenen Seiten einer Universität und ihren Fachbereichen unterschiedliche Informationen zu denselben Personen aufgeführt waren, wurde bei den Universitäten telefonisch nachgefragt. In den meisten Fällen aber erschlossen sich die Informationen der Universitäten mit Hilfe ihrer Websites und denen ihrer Fachbereiche bzw. Institute. Bei einer solchen Vorgehensweise kann jedoch nicht ausgeschlossen werden, dass sämtliche Seiten einer Universität nicht dem aktuellen Stand entsprechen, so dass keine Unstimmigkeiten während der Recherche auftreten und somit die ggf. nicht mehr aktuellen Daten in diese Erhebung aufgenommen sind. Allerdings ist die Wahrscheinlichkeit sehr gering, dass sämtliche Websites einer Universität nicht aktualisiert sind, schließlich wird das Medium Internet von vielen Hochschulen als attraktive Möglichkeit der Selbstdarstellung genutzt. Des Weiteren ist anzunehmen, dass in den meisten Fällen die verschiedenen Websites einer Universität von unterschiedlichen Personen, im Auftrag der einzelnen Fakultäten, Fachbereiche und teilweise sogar einzelner Arbeitsbereiche und Institute, erstellt und gepflegt werden. Daher erscheint es wenig wahrscheinlich, dass an einer Universität die gleichen nicht aktualisierten Informationen auf den verschiedenen Internetseiten zu finden sind.

Um die Professuren der Wirtschaftspädagogik zu erfassen, die der Erziehungswissenschaft zugerechnet werden, die aber oftmals nicht bei den Fakultäten bzw. Fachbereichen der Erziehungswissenschaft aufgeführt sind, wurden in die Recherche die Seiten der Wirtschaftswissenschaften der Universitäten einbezogen, um evtl. dort angesiedelte Wirtschaftspädagogen mit berücksichtigen zu können.

Eine weitere Schwierigkeit ergibt sich bei der Betrachtung von Professuren mit den Denominationen der Pädagogischen Psychologie oder der Pädagogischen Soziologie. Während einige Hochschulen diese beiden Teildisziplinen der Erziehungswissenschaft zuordnen, werden sie von anderen zu ihren Mutterdisziplinen, der Psychologie bzw. Soziologie, gezählt und dort aufgeführt. Wie Merkens und Dreyer (2002) angeführt haben, ist die Zurechnung anderer Teildisziplinen zur Erziehungswissenschaft historisch damit zu erklären, dass die Erziehungswissenschaft bzw. Pädagogik in der amtlichen Statistik primär als

Wissenschaft in der Lehrerbildung betrachtet wird. Aus diesem Grund werden in einigen Fällen auch Teildisziplinen der Erziehungswissenschaft zugerechnet, die im engeren Sinne nicht zu ihr gehören, die aber in Bezug auf die Lehrerbildung eine Rolle spielen. Dies betrifft beispielsweise die Pädagogische Soziologie und Pädagogische Psychologie sowie die Fachdidaktiken. In Bezug auf die Fachdidaktik wurde in dieser Erhebung in der Regel keine Zuordnung zur Erziehungswissenschaft vorgenommen. Eine Ausnahme bildet die Wirtschaftspädagogik, bei der im Allgemeinen keine Trennung zur Fachdidaktik vorgenommen wird. Andere Fachdidaktik-Professuren, die zwar bei den Erziehungswissenschaften aufgeführt waren, jedoch offensichtlich keine Professur beinhalteten, die zu der Erziehungswissenschaft im engeren Sinne gezählt werden konnten, wurden zwar bei der Erhebung erfasst und aufgenommen, jedoch als sog. *exklusive Professuren* extra ausgewiesen. Dies trifft beispielsweise bei der Technischen Universität Dresden auf vier und bei der Universität Hamburg auf 24 Professuren der Fachdidaktik sowie bei der Universität Duisburg-Essen auf fünf Professuren der Zweitsprachendidaktik zu. Aus Gründen der Vergleichbarkeit zu früheren Jahren sind wir auch bei der Universität Hamburg so verfahren, bei der eine Trennung von Fachdidaktik und Erziehungswissenschaft nicht existiert. Die große Zahl der betreffenden Professuren hätte aber zu erheblichen Verfälschungen in Bezug auf den vorangegangenen Datenreport geführt, in dem diese Professuren auch nicht mitgezählt worden sind. Eine Professur für die Didaktik der Arbeitslehre der Universität Augsburg wurde ebenso speziell ausgewiesen wie eine Netzwerkprofessur der Universität Bielefeld zur Pädagogischen Diagnose und Beratung. Diejenigen Professuren der Fachdidaktik, die bei den entsprechenden Fachwissenschaften aufgeführt waren, wurden in dieser Erhebung nicht berücksichtigt.

Mit den Professuren der Pädagogischen Psychologie und der Pädagogischen Soziologie wurde ähnlich verfahren: Es wurden nur diejenigen Professuren der Pädagogischen Psychologie und der Pädagogischen Soziologie einbezogen und zu den Erziehungswissenschaften gerechnet, die explizit bei der Erziehungswissenschaft durch die einzelnen Universitäten aufgeführt wurden. Diejenigen, die unter ihren Mutterdisziplinen genannt waren, wurden nicht berücksichtigt. Eine Ausnahme bildet hier die Universität München, deren neun Pädagogische Psychologen des Department Psychologie der Fakultät für Psychologie und Pädagogik zwar aufgenommen, jedoch extra ausgewiesen wurden.

Die Religionspädagogik, die Musik-, Kunst- und Sportpädagogik wurden bei dieser Erhebung insofern mit einbezogen, als sie jeweils speziell ausgewiesen werden. Es werden alle Religions-, Musik-, Kunst-, Theater- und Sportpädagogen, unabhängig davon, ob sie bei der Erziehungswissenschaft oder ihren jeweiligen Fachwissenschaften aufgeführt waren, in dieser Erhebung als exklusive Stellen angeführt. Diese Darstellung erlaubt eine Übersicht über die Anzahl der

Stellen in diesen speziellen Pädagogiken, wenngleich sie auch nicht als der Erziehungswissenschaft im engeren Sinne zugehörig betrachtet werden.
Auf eine weitere Schwierigkeit ist abschließend hinzuweisen, auf die Merkens und Dreyer (2002, 130) bereits aufmerksam gemacht haben: Eine nicht immer eindeutige Bestimmung der Professuren hat zur Folge, dass diese nicht immer problemlos Kategorien zugeordnet werden können, wie es in einer solchen verallgemeinernden Darstellung wünschenswert und auch notwendig wäre. So ist beispielsweise eine Professur für „Grundschulpädagogik und -didaktik" der Universität Erlangen-Nürnberg gleichzeitig für „Unterrichtsforschung" angegeben, an der Pädagogischen Hochschule Freiburg gibt es eine Professur gleichzeitig für „Allgemeine Erziehungswissenschaft" und für „Sonderschulpädagogik" und an der Universität Köln ist eine Professur für „Erziehungswissenschaft" angegeben mit dem Zusatz des Schwerpunkts der „Pädagogik der frühen Kindheit und Familienpädagogik". Solche Beispiele lassen sich an vielen Hochschulen finden und stellen keineswegs eine Ausnahme dar, was nochmals auf die Schwierigkeiten einer eindeutigen Darstellung hinweisen soll.
Diese Erhebung und Auflistung soll dazu dienen, einen Ist-Zustand darzustellen, d.h. diese Daten sind zu einem bestimmten Zeitpunkt erhoben worden, und zwar in den Monaten August bis November 2005. Allein bei der Benennung dieses Zeitraums lässt sich eine u. U. eingetretene Ungenauigkeit schon vermuten: Bei denjenigen Universitäten, die in den Monaten August und September betrachtet wurden und bei denen sich mit dem Beginn des Wintersemesters eventuell personelle Veränderungen ergeben haben, sind diese Änderungen nicht mehr in diese Erhebung eingegangen. Das kann jedoch ebenso für solche Universitäten gelten, die zwar im Oktober und November betrachtet wurden, deren Internetpräsentation jedoch nicht zeitgleich aktualisiert und der neuen Situation angepasst wurde. Bei der Betrachtung der folgenden Darstellung sollte daher jeweils berücksichtigt werden, dass es sich um eine Momentaufnahme handelt.

2. Hochschullehrerstellen in der Erziehungswissenschaft im Vergleich

Zunächst soll eine um das Jahr 2005 ergänzte Zeitreihe fortgesetzt werden, die bereits im Datenreport für die Jahre 1982, 1992 und 1997 angeführt wurde (Otto et al. 2000, 180ff.) und im Datenreport Erziehungswissenschaft 2 um das Jahr 2001 ergänzt wurde (Merkens/Dreyer 2002, 131). Dabei folgt an dieser Stelle erst einmal ein Vergleich der Anzahl der Hochschullehrerstellen auf der Ebene der Bundesländer. Eine nähere Beschreibung wird an späterer Stelle vorgenommen.

Tabelle 1: Zeitreihe für die Anzahl von Professuren, die der Erziehungswissenschaft zugeschrieben wurden

Land/Region	1982	1992	1997	2001	2005
Schleswig-Holstein	24	19	24	22	22
Hamburg	137	142	63	66	67
Niedersachsen	115	151	114	85	90
Bremen	102	55	50	51	27
Nordrhein-Westfalen	232	180	187	175	189
Hessen	86	69	56	68	67
Rheinland-Pfalz	38	36	38	41	46
Baden-Württemberg	643	148	131	120	124
Bayern	116	104	110	74	79
Saarland	8	4	4	2	5
Berlin (West)	169	119	88	52	[43]
Berlin (Ost)	/	20	37	30	[32]
Berlin Gesamt	/	/	/	/	75
Brandenburg	/	4	18	20	21
Mecklenburg-Vorpommern	/	12	13	15	15
Sachsen	/	35	39	35	41
Sachsen-Anhalt	/	17	28	25	28
Thüringen	/	13	24	25	30
Gesamt	1670	1125	1024	905	926

Anm. 1: Es wird in der Reihenfolge der amtlichen Bundesstatistik vorgegangen.
Anm. 2: Die Zahlen für 1982 bis 1997 sind Krüger/Weishaupt (2000, 78) und die Zahlen für 2001 sind Merkens/Dreyer (2002, 131) entnommen. Die Fachhochschulprofessuren für Sozialpädagogik waren nicht berücksichtigt, aber alle universitären Professuren eingeschlossen, wodurch sich die Differenz zu den Zahlen des Statistischen Bundesamtes (1999, 154) ergibt. In dieser Zählung gab es 1997 1017 Professuren in der Erziehungswissenschaft plus Sonderpädagogik. Die Zahlen für 2005 entstammen der eigenen Auswertung.

Eine Erläuterung der Veränderungen der Stellenanzahlen zwischen den Jahren 1982 und 1997 sowie zwischen 1997 und 2001 erfolgt an dieser Stelle nicht, sondern diesbezüglich wird auf Merkens und Dreyer (2002, 131f.) verwiesen.

Zwischen 2001 und 2005 fällt für die Länder Bremen und Nordrhein-Westfalen eine Differenz von mehr als 10 Stellen auf, die näher betrachtet und zu erklären versucht werden soll. In dem Stadtstaat Bremen scheint ein verstärkter

Stellenabbau in den Zahlen ablesbar zu sein. So wurden viele der im Jahre 2001 noch existenten, jedoch im Verlauf der letzten vier Jahre durch Pensionierungen bzw. Emeritierungen vakant werdenden Stellen nicht neu ausgeschrieben. Betrachtet man beispielsweise die Schulpädagogik als Teildisziplin, so scheint in diesem Bereich eine nicht geringe Anzahl Stellen weggefallen zu sein: Während 2001 noch elf Professuren in der Schulpädagogik aufgeführt waren, ist in diesem Jahr nur noch eine Professur der Schulpädagogik zuzuordnen. Allerdings muss in diesem Zusammenhang darauf hingewiesen werden, dass zwei der zuvor zur Schulpädagogik zählenden Stellen nun einem anderen Bereich zugeordnet sind, einmal der Grundschulpädagogik und einmal der Arbeits- und Wirtschaftspädagogik. Dennoch hat es hier einen starken Rückgang der Stellen gegeben. Eine Abmilderung dieses Stellenabbaus, beispielsweise durch eine Erhöhung der Stellen wissenschaftlicher Mitarbeiter, ist ebenfalls nicht zu konstatieren. Eine ähnliche Entwicklung ist bei der Sozialpädagogik zu beobachten; vergleicht man nur die Professuren der Sozialpädagogik der Universität Bremen der Jahre 2001 und 2005 miteinander, wird deutlich, dass 2005 nur noch drei Professuren von zwölf im Jahre 2001 verblieben sind. Deutlich wird diese Entwicklung auch an der Schließung des Studiengangs Sozialarbeitswissenschaft/Sozialpädagogik an der Universität Bremen, für den bereits seit Wintersemester 2003 keine neuen StudienanfängerInnen mehr aufgenommen werden.

In Nordrhein-Westfalen sind hingegen mehr Stellen in der Erziehungswissenschaft ausgewiesen als im Jahr 2001, hier ist ein Zuwachs von 14 Stellen zu verzeichnen. Bei dieser vergleichenden Darstellung muss jedoch darauf hingewiesen werden, dass sich die Anzahl der Stellen in Nordrhein-Westfalen auf wesentlich mehr Universitäten bezieht als in dem Stadtstaat Bremen, so dass sich die Zuwächse in Nordrhein-Westfalen auf wesentlich mehr Universitäten verteilen als beispielsweise der Stellenabbau in Bremen.

Insgesamt lässt sich an den Zahlen ein entgegen dem für die Jahre 1982 bis 2001 zu erkennenden Trend der Reduktion von Stellen in der Erziehungswissenschaft erstmals ein Zuwachs bei den ausgewiesenen Stellen erkennen. Zur näheren Beschreibung der Veränderungen soll nun ein Vergleich auf der Ebene der Universitäten erfolgen.

3. Bilanzen im Vergleich der Universitäten

In die Auswertung sind mit insgesamt 77 Universitäten zwei Universitäten mehr als bei der Erhebung im Jahr 2001 einbezogen worden. Hinzugekommen sind die Universität Hohenheim und die Technische Universität Cottbus. Des Weiteren wurde die Universität Erfurt einbezogen, in die die bisherige Pädagogische

Hochschule Erfurt integriert wurde. Spezialisierte Technische Hochschulen wie beispielsweise in Freiberg oder Clausthal-Zellerfeld oder die Europa-Universität Viadrina in Frankfurt/Oder sind hingegen nicht in die Auswertung einbezogen worden, ebenso wenig wie die Kunsthochschulen. Ausgenommen ist hier allerdings die Universität der Künste Berlin; da an dieser Kunsthochschule speziell lehramtsbezogene Studiengänge angeboten werden, wurde diese Universität in die Auswertung einbezogen.

Betrachtet man zunächst die Anzahl der Stellen in der Erziehungswissenschaft an den verschiedenen Universitäten, so fällt auf, dass an 19 der insgesamt 77 Universitäten weniger als sechs Professuren ausgewiesen sind. Etwa ein Viertel der in die Auswertung einbezogenen Hochschulen verfügt somit nur über fünf oder weniger Professuren. Von diesen verhältnismäßig gering ausgestatteten Hochschulen befinden sich acht in Baden-Württemberg, drei in Nordrhein-Westfalen, drei in Bayern und jeweils eine in Niedersachsen, Brandenburg, Mecklenburg-Vorpommern sowie im Saarland. Im Vergleich zu der Auswertung im Jahre 2001 sind somit vier weitere Universitäten vertreten, die mit nur fünf oder weniger Professuren ausgestattet sind. Zwei dieser vier hinzugekommenen Hochschulen befinden sich in Baden-Württemberg und jeweils eine in Brandenburg und in Mecklenburg-Vorpommern. Dazu ist anzumerken, dass zwar acht der insgesamt 15 Hochschulen in Baden-Württemberg mit weniger als sechs Professuren in der Erziehungswissenschaft ausgestattet sind, gleichzeitig sind jedoch zwei Pädagogische Hochschulen in diesem Bundesland mit mehr als sechs und sogar vier mit zehn und mehr Stellen ausgestattet. In den Bundesländern Mecklenburg-Vorpommern und Brandenburg, in denen jeweils nur zwei Universitäten über erziehungswissenschaftliche Professuren verfügen, verfügt zwar jeweils eine Universität nur über zwei Professuren, dafür gibt es jedoch die jeweils andere Hochschule dieser Bundesländer, an denen mehr als zehn Professuren vorhanden sind. Neben diesen Beispielen der mit wenigen Stellen versehenen Universitäten soll nun der Blick auf das andere Extrem gerichtet werden: Bundesweit verfügen insgesamt 14 Hochschulen über 20 und mehr Stellen, vier sogar über 30 und mehr Stellen. Dies betrifft die Humboldt-Universität zu Berlin sowie die Universitäten Dortmund, Köln und Hamburg. Mit 55 Professuren sind an der Universität Hamburg die meisten Stellen ausgewiesen. Die Universitäten Duisburg-Essen sowie Koblenz-Landau weisen zwar jeweils ebenfalls mehr als 20 Stellen in der Erziehungswissenschaft aus, da es sich hier jedoch um zusammengelegte Hochschulstandorte handelt, werden sie nicht zu den Hochschulen gezählt, die über mehr als 20 Stellen verfügen.

Wie Merkens und Dreyer (2002) mit Bezug auf Rauschenbach und Züchner (2000) angeführt haben, variiert die Zahl der Stellen mit der Zahl der angebotenen Studiengänge und Studienrichtungen. Ein solcher Zusammenhang wurde auch in dieser Auswertung am bereits angeführten Beispiel der Sozialpädagogik an der Universität Bremen deutlich: Mit der Schließung des Studiengangs Sozialarbeitswissenschaft/Sozialpädagogik reduzierten sich im Laufe der letzten vier Jahre auch die Professuren in der Sozialpädagogik an dieser Universität erheblich.

Im Vergleich zum Jahre 2001 lassen sich 2004 nur zwei anstelle von sechs Universitäten ausmachen, an denen nur eine Stelle der Erziehungswissenschaft angesiedelt ist, und zwar die Universität Konstanz und die Technische Universität München. Allerdings muss bei der Universität Ulm berücksichtigt werden, dass bei den zwei für die Erziehungswissenschaft ausgewiesenen Stellen eine Professur der Pädagogischen Psychologie enthalten ist und es sich bei der Technischen Universität Kaiserslautern bei einer der beiden Stellen um eine Juniorprofessur handelt.

Auf die Juniorprofessuren im Fach Erziehungswissenschaft soll im Folgenden näher eingegangen werden. Insgesamt gibt es 13 Juniorprofessuren, die der Erziehungswissenschaft zugerechnet ausgewiesen werden. Dabei lässt sich kein Muster erkennen, dass jeweils Universitäten mit ohnehin vielen oder besonders wenigen Professuren über eine Juniorprofessur verfügen. In den meisten Fällen ist nur jeweils eine Juniorprofessur an einer Hochschule im Fach Erziehungswissenschaft angesiedelt, mit jeweils zwei Juniorprofessuren verfügen die Universität Osnabrück und die Freie Universität Berlin über die meisten dieser Stellen. Bezüglich der Zweckbestimmungen der Juniorprofessuren lassen sich ebenfalls keine einheitlichen Muster erkennen. Juniorprofessuren gibt es sowohl in der Erwachsenenpädagogik wie auch in der Vergleichenden Pädagogik, der Sozialpädagogik und der Rehabilitationspädagogik, der Arbeits- und Wirtschaftspädagogik, der Schulpädagogik sowie in dem Bereich der (empirischen) Bildungsforschung und Methodenlehre und der Allgemeinen Pädagogik.

Auf die Zweckbestimmungen der übrigen, sog. ordentlichen Professuren soll im nun folgenden Abschnitt näher eingegangen werden. Nachdem eine grobe Darstellung der Anzahl der Stellen an den verschiedenen Universitäten bereits erfolgt ist, soll hier die Verteilung der jeweiligen Teildisziplinen der Erziehungswissenschaft betrachtet werden. Zunächst soll wiederum auf die Hochschulen eingegangen werden, die nur mit sechs oder weniger Professuren ausgestattet sind. Dabei fällt auf, dass an fast allen dieser Universitäten mindestens eine Professur der Allgemeinen Pädagogik/Erziehungswissenschaft vorhanden ist. Diese Professur der Allgemeinen Pädagogik/Erziehungswissenschaft ist in fast der Hälfte der mit sechs oder weniger Stellen ausgestatteten Hochschulen mit mindestens einer Professur in Schulpädagogik kombiniert. Eine ebenfalls etwas häufigere Kombination von Professuren ist die der Allgemeinen Pädagogik/ Erziehungswissenschaft mit der Arbeits-/Wirtschaftspädagogik oder der Erwachsenenpädagogik. Bei den Universitäten mit drei bis sechs Stellen gibt es dann weiter ergänzende Stellen wie beispielsweise der Pädagogischen Psychologie, der Vergleichenden Pädagogik oder der Sozialpädagogik. Eine solche Verteilung der Stellen lässt an dieser Stelle vermuten, dass der Schwerpunkt dieser Universitäten eher im Bereich der (allgemeinen) Lehrerbildung bzw. der Lehrerbildung für weiterführende und Berufs(fach)schulen gelegt wird und weniger auf die Hauptfachstudiengänge mit dem Ziel des Diplom- und Magisterabschlusses.

Betrachtet man die Universitäten, die mit 20 und mehr Stellen ausgestattet sind, so fällt zunächst auf, dass solche in allen Stadtstaaten (Bremen, Berlin und Hamburg) anzutreffen sind. Des weiteren ist die hohe Anzahl der Stellen in den Bereichen der Sonderpädagogik bzw. der Rehabilitationswissenschaften an Universitäten auffällig, an denen 20 und mehr Stellen ausgewiesen sind: So werden an neun dieser 14 Hochschulen mehr als fünf Professuren für diese Teildisziplinen angeführt und an sechs dieser 14 Universitäten gibt es sogar mehr als 10 Stellen. Mit 21 Professuren in den Rehabilitationswissenschaften sind die meisten an der Universität Dortmund angesiedelt, und für die Sonderpädagogik weisen die Universität Köln mit 18 und die Pädagogische Hochschule Heidelberg mit 16 Stellen die meisten Professuren aus. Eine Erklärung für diese verhältnismäßig großen Zahlen, auf die bereits Merkens und Dreyer (2002) verwiesen haben, könnte darin liegen, dass für die verschiedenen Formen der Behinderungen jeweils entsprechende Studiengänge entwickelt worden sind, für die sich hier entsprechend die Stellenzahlen widerspiegeln. Eine solche Anhäufung vieler Stellen an einzelnen Hochschulen, wie sie für die Sonderpädagogik bzw. die Rehabilitationswissenschaften typisch zu sein scheint, lässt sich für andere Teildisziplinen kaum erkennen. Allerdings gibt es auch Hochschulstandorte mit weniger als 20 erziehungswissenschaftlichen Professuren, die über Stellen in der Sonderpädagogik verfügen, und auch hier lässt sich eine stärkere Anhäufung von Stellen erkennen, als bei anderen Teildisziplinen. Universitäten, die nur über eine Professur in der Sonderpädagogik oder den Rehabilitationswissenschaften verfügen, stellen eher eine Ausnahme dar.

Zur weiteren Darstellung der Zweckbestimmung der Stellen in der Erziehungswissenschaft wird in Tabelle 2 eine Übersicht der einzelnen Teildisziplinen mit den jeweiligen Stellenzahlen gegeben. Allerdings sind hier nicht sämtliche Teildisziplinen einzeln aufgeführt, sondern aus Gründen der Übersichtlichkeit und Vergleichbarkeit mit früheren Jahren sind teilweise unter den hier dargestellten Kategorien ähnliche Teildisziplinen zusammengefasst worden. So ist beispielsweise die (empirische) Bildungsforschung und Methodenlehre sowie die Unterrichtsforschung zusammen mit der Schulpädagogik ausgewiesen und die Historische Erziehungswissenschaft wird zusammen mit der Allgemeinen Erziehungswissenschaft dargestellt. Es ist jeweils angegeben, welche Teildisziplinen gemeinsam ausgewiesen werden.

Tabelle 2: Zweckbestimmungen von Professuren in der Erziehungswissenschaft nach Teildisziplinen

Zusammengefasste Teildisziplinen	insgesamt	Unterkategorien
Allg. Pädagogik / EWI, Hist. Erziehungswissenschaft	176	
Vergleichende Pädagogik und Interkulturelle Pädagogik	32	
Sozialpädagogik	72	
Arbeits- und Wirtschaftspädagogik	90	
Erwachsenenpädagogik	59 (inkl. 1 Juniorprof.)	
Elementar- u. Familienpädagogik (inkl. KKP), Vorschul- u. Grundschulpädagogik	88	
Schulpädagogik, (Empirische) Bildungsforschung und Methodenlehre, Unterrichtsforschung	162 (inkl. 4 Juniorprof. emp. Bildungsforschung u. Methodenlehre sowie 1 Juniorprof. Unterrichtsforschung)	von diesen 162 sind 27 (inkl. 3 Juniorprof.) der emp. Bildungsforschung und Methodenlehre und 12 (inkl. 1 Juniorprof.) der Unterrichtsforschung zuzuordnen
Medienpädagogik	27 (inkl. 1 Juniorprof.)	
Sonderpädagogik, Rehabilitationswissenschaft	169 (inkl. 2 Juniorprof.)	
Pädagogische Psychologie	39 (nur inkl.) (inkl. 2 Bildungswiss.)	exklusiv 9 der Uni München
Pädagogische Soziologie	10 (nur inkl.)	exklusiv 1 der Uni Wuppertal
Kunstpädagogik	21	
Musikpädagogik	26	
Sportpädagogik	32 (inkl. 2 Sportpsych.)	
Theaterpädagogik	2	
Religionspädagogik	58	davon 2 inkl. bei Uni Hamburg mitgezählt
Netzwerkprofessur (Uni Bielefeld, Päd. Diagnose u. Berat.)	1	
Zweitsprachendidaktik (Uni Duisburg-Essen)	5	
Didaktik der Arbeitslehre (Uni Augsburg)	1	
Fachdidaktik (Uni Dresden u. Hamburg)	28	
insgesamt	**1108**	

Bei der Betrachtung dieser Übersicht wird deutlich, dass die Teildisziplinen der Allgemeinen Pädagogik/Erziehungswissenschaft, der Sonderpädagogik und Rehabilitationswissenschaft sowie der Schulpädagogik die meisten Professuren aufweisen. In Anlehnung an Merkens und Dreyer (2002) kann vermutet werden, dass die Ausbildung von Lehrern noch immer einen wesentlichen Einfluss auf die Stellenstruktur in der Erziehungswissenschaft hat. Mit Ausnahme der Sonderpädagogik bzw. der Rehabilitationswissenschaft spielen die genannten Subdisziplinen für die Diplomstudiengänge der Erziehungswissenschaft eher eine nachgeordnete Rolle, da es keine studienrichtungsspezifischen Schwerpunkte in der Allgemeinen oder der Schulpädagogik in diesen Studiengängen gibt. Auch die Grundschulpädagogik kann primär der Lehrerbildung zugeordnet werden, hier lässt sich für das Jahr 2005 eine Anzahl von 88 Professuren ermitteln im Vergleich zu 87 im Jahr 2001. Allerdings sind in diesem Jahr die Stellen der beiden Subdisziplinen „Kleinkindpädagogik (KKP)" und „Vorschulpädagogik" der Grundschulpädagogik und nicht, wie im Jahr 2001, der Sozialpädagogik zugeordnet worden. Nach Merkens und Dreyer (2002) sind die Zweckbestimmungen für die Kleinkindpädagogik und die der Vorschulerziehung relativ selten genannt worden, was auch für die Erhebung im Jahr 2005 bestätigt werden kann, in deren Rahmen nur acht Professuren für diese Teilbereiche ermittelt wurden. Trotz der veränderten Zuordnung lassen sich für die Anzahl der Stellen in der Grundschulpädagogik keine großen Veränderungen feststellen.

Neben der Schul- und der Grundschulpädagogik kann auch die Arbeits- und Wirtschaftspädagogik primär der Ausbildung von Lehrkräften zugeordnet werden. 90 Stellen sind im Jahr 2005 an 46 Hochschulen ausgewiesen, pro Universität sind meist ein oder zwei Stellen in dieser Teildisziplin eingerichtet. Die Universität Hamburg bildet mit zehn ausgewiesenen Stellen die Ausnahme, danach folgt nur die Universität Hannover mit fünf Professuren. Vergleicht man die Anzahl der Stellen der Subdisziplinen miteinander, so steht die Arbeits- und Wirtschaftspädagogik, die besonders für das Lehramt an Berufsbildenden Schulen von Bedeutung ist, an vierter Stelle nach der Allgemeinen Pädagogik, der Schulpädagogik und der Sonderpädagogik inklusive der Rehabilitationswissenschaften. Dass die Lehrerausbildung noch immer einen wesentlichen Einfluss auf die Stellenstruktur in der Erziehungswissenschaft hat, scheint auch für das Jahr 2005 eine zutreffende Aussage zu sein.

Die Sozialpädagogik hingegen stellt einen klassischen Schwerpunkt des Diplomstudiengangs der Erziehungswissenschaft dar. An 35 Hochschulen gibt es mindestens eine Professur der Sozialpädagogik, insgesamt sind in diesem Jahr 72 Professuren ermittelt worden. Die Universitäten Siegen und Frankfurt am Main sowie die TU Dresden sind mit jeweils fünf Professuren der Sozialpädagogik mit den meisten Stellen in dieser Teildisziplin ausgestattet. Dass sich die Anzahl der sozialpädagogischen Professuren an der Universität Bremen in starkem Maße verringert hat, ist bereits erwähnt worden. Alle übrigen Hochschulen verfügen meist über ein oder zwei Professuren. Mit einem Rückgang um 27 Stellen im Vergleich zum Jahr 2001 (vgl. Merkens/Dreyer 2002, 139) sind innerhalb der verschiedenen Teildisziplinen in der Sozialpädagogik die stärksten Stellenreduktionen zu verzeichnen. Allerdings wurde bereits bei der Beschreibung der Grundschulpädagogik darauf hingewiesen, dass die Kleinkindpädagogik und die Vorschulpädagogik nicht wie im Jahr 2001 zur Sozialpädagogik gezählt wurden, sondern in diesem Jahr zusammen mit der Grundschulpädagogik ausgewiesen worden sind. Der starke Rückgang der Stellenzahlen in der Sozialpädagogik lässt sich aber durch diese veränderte Zuordnung nicht erklären.

Während sich für die Sozialpädagogik ein Rückgang der Stellenzahlen abzeichnet, haben einige andere Subdisziplinen Zuwächse erfahren, wie beispielsweise die Erwachsenenpädagogik, die ebenfalls einen studienrichtungsspezifischen Schwerpunkt im Diplomstudiengang Erziehungswissenschaft darstellt. Wenngleich noch immer mit weniger Stellen als die Sozialpädagogik ausgestattet, wurden für die Erwachsenenpädagogik im Jahr 2005 mit 59 Professuren zehn Stellen mehr als noch 2001 ausgewiesen. Auch in der Medienpädagogik ist eine Zunahme von elf Stellen zu beobachten. Während Merkens und Dreyer (2002, 134) für das Jahr 2001 darauf verwiesen, dass ein Angebot in Medienpädagogik die Ausnahme darstelle, kann dies für 2005 nicht mehr gesagt werden. Zwar sind es mit 21 Hochschulen noch immer verhältnismäßig wenige Universitäten, an denen eine Professur für Medienpädagogik existiert, doch kann der Zuwachs von elf Stellen innerhalb der letzten vier Jahre auf eine steigende Tendenz hinweisen. Ob sich eine solche Tendenz wirklich abzeichnet, ist erst durch die Beobachtung der Stellenzahlen in der Medienpädagogik in den kommenden Jahren möglich.

4. Zusammenfassung

Die Entwicklung der Denominationen zeigt, dass die Erziehungswissenschaft gegenwärtig eine Disziplin ist, die sich leicht verändert. Diese Veränderungen betreffen einerseits eine Stärkung der Erwachsenen- und Weiterbildung und andererseits eine Veränderung im Bereich der Schulpädagogik. Mit der Stärkung von Erwachsenen- und Weiterbildung wird in gewisser Weise einem sich verändernden Bedarf im Bildungssystem entsprochen. Erwachsenen- und Weiterbildung expandieren. Lange Zeit hat die Erziehungswissenschaft vor allem die Veränderungen im Weiterbildungsbereich nicht hinreichend wahrgenommen bzw. haben die Hochschulen für diesen Sektor keine Stellen zur Verfügung gestellt. Der zweite Bereich, in dem gegenwärtig Veränderungen zu beobachten sind, lässt sich mit Bildungsforschung/Unterrichtsforschung kennzeichnen. Hier zeigen sich Auswirkungen von TIMMS, PISA und IGLU. Wenn nunmehr verstärkt Stellen in diesem Bereich zur Verfügung gestellt werden, so ist das in gewisser Weise auch eine Antwort darauf, dass die pädagogische Psychologie, die in der Tradition der Lehrerbildung häufig dem Fach Erziehungswissenschaft zugeordnet war, nunmehr, wenn sie besetzt wird, häufiger bei der Psychologie zugeordnet ist. Damit sind die Kapazitäten für empirische Unterrichts- und Bildungsforschung verringert worden und man kann die sich nunmehr abzeichnende Tendenz, Unterrichts- und Bildungsforschung unter diesen Bezeichnungen bei der Erziehungswissenschaft anzuordnen auch in dem Sinne interpretieren, dass die Chance eröffnet wird, vermehrt pädagogische Fragestellungen ins Zentrum von Unterrichts- und Bildungsforschung zu stellen. Die sich damit abzeichnende Veränderung in der Schulpädagogik sollte beobachtet werden.

5. Literatur

Krüger, H.-H./Weishaupt, H. (2000): Personal. In: H.-U. Otto et al. (Hrsg.): Datenreport Erziehungswissenschaft. Befunde und Materialien zur Lage und Entwicklung des Faches in der Bundesrepublik. Opladen: Leske + Budrich, 75-97.

Merkens, H./Dreyer, J. (2002): Professuren im Fach Erziehungswissenschaft – Denomination und Anzahl im September 2001. In: H. Merkens, T. Rauschenbach, H. Weishaupt (Hrsg.): Datenreport Erziehungswissenschaft 2, Ergänzende Analysen. Opladen: Leske + Budrich, 125-142.

Otto, H.-U. et al. (Hrsg.) (2000): Datenreport Erziehungswissenschaft. Befunde und Materialien zur Lage und Entwicklung des Faches in der Bundesrepublik. Opladen: Leske + Budrich.

Rauschenbach, T./Züchner, I. (2000): Standorte und Studiengänge. In: H.-U. Otto et al. (Hrsg.): Datenreport Erziehungswissenschaft. Befunde und Materialien zur Lage und Entwicklung des Faches in der Bundesrepublik. Opladen: Leske + Budrich, 25-32.

Statistisches Bundesamt (1999): Bildung im Zahlenspiegel. Stuttgart: Stat. Bundesamt.

Anhang

Tabelle 3: Anzahl der Professuren in den Hochschulen und Bundesländern

Hochschulen Land	Anzahl der Professuren					Junior-prof.
	1982	1992	1997	2001	2005	
U Flensburg	5	4	10	9	10 inkl. 1 Juniorprof.; exklusiv 1 Rel.-päd.	1
U Kiel	3	3	14	13	12	
Schleswig-Holstein	8	7	24	22	22 + 1 exklusiv	
U Hamburg	108	109	55	55	55 inkl. 3 Päd. Psych., 1 Juniorprof., 2 Rel.-Päd., exkl. 4 Sportpäd., 1 Musikpäd. 3 Kunstpäd., 24 Didaktik	1
U der Bundeswehr Hamburg	21	33	8	11	12 inkl. 1 Päd. Psych. u. 1 Päd. Soz.	
Hamburg	129	142	63	66	67 + 32 exklusiv	
TU Braunschweig	7	30	5	3	3 exklusiv 2 Musikpäd.; 1 Sportpäd.; 1 Rel.-päd.	
U Göttingen	46	23	12	7	9 inkl. 1 Päd. Psych., 1 Juniorprof.	1
U Hannover	8	26	29	22	20 inkl. 2 Päd. Psych.; exklusiv 3 Rel.-päd.	
U Hildesheim	13	9	9	9	7 exklusiv 1 Sportpäd. u. 2 Rel.-päd.	
U Lüneburg	8	9	14	14	11 exklusiv 2 Rel.-päd.	
U Oldenburg	22	23	20	21	24 inkl. 1 Juniorprof., 2 Päd. Psych der Sonderpäd. u. 2 Päd.Soz.; exklusiv 2 Rel.-päd.	1
U Osnabrück	0	31	16	6	10 inkl. 2 Juniorprof.; exklusiv 2 Musikpäd., 1 Rel.-päd.	2
U Vechta	10	0	9	3	6 inkl. 1 Päd. Psych.; exklusiv 1 Musikpäd. u. 1 Rel.-päd.	
Niedersachsen	114	151	114	85	90 + 19 exklusiv	

U Bremen	102	55	50	51	27 exklusiv 1 Rel.-päd., 2 Kunstpäd.	
Bremen	102	55	50	51	27 + 3 exklusiv	
TU Aachen	12	5	2	2	2	
U Bielefeld	20	20	14	15	14 exklusiv 1 Netzwerkprofessur u. 1 Sportpäd.	
U Bochum	12	8	7	7	8 inkl. 1 Päd. Psych.; exklusiv 2 Sportpäd.	
U Bonn	19	6	5	3	2	
U Dortmund	37	34	38	37	37	
U Duisburg	9	8	6	9	/	
U Essen	10	12	13	8	/	
U Duisburg- Essen ab 2005	/	/	/	[17]	23 inkl. 2 Bildungswiss., exklusiv 1 Kunstpäd., 1 Sportpäd., 5 Zweitsprachendidaktik	
U Düsseldorf	10	7	5	4	5 inkl. 1 Päd. Psych.	
Fern-Universität Hagen	6	2	6	6	6	
U Köln	45	20	44	39	39	
U Münster	30	30	19	14	20	
U Paderborn	6	10	8	9	10 exklusiv 1 Musikpäd.	
U Siegen	7	10	12	10	12 inkl. 1 Päd. Psych.; exklusiv 2 Kunstpäd., 3 Musikpäd.	
U Wuppertal	8	8	8	11	11 inkl. 1 Päd. Psych.; exklusiv 1 Musikpäd., 1 Sportpäd., 2 Rel.-päd., 1 Päd. Soz.	
Nordrhein- Westfalen	231	180	187	175	189 + 22 exklusiv	
TU Darmstadt	0	6	7	6	6 exklusiv 1 Sportpäd.	
U Frankfurt a. M.	40	28	21	24	24 inkl. 1 Juniorprof., exklusiv 1 Sportpäd., 2 Rel.-päd	1
U Gießen	12	10	8	10	12 exklusiv 3 Kunstpäd., 3 Musikpäd., 2 Rel.-päd.	

U Kassel	17	11	8	16	14 exklusiv 1 Musikpäd., 2 Rel.-päd.	
U Marburg	17	14	12	12	11 inkl. 2 Päd. Soz.; exklusiv 1 Sportpäd.	
Hessen	86	69	56	68	67 + 16 exklusiv	
U Koblenz-Landau	17,5	19	26	25	26 exklusiv 1 Kunstpäd.	
TU Kaiserslautern				1	2 inkl. 1 Juniorprof.	1
U Mainz	5	12	6	9	12	
U Trier	5	5	6	6	6	
Rheinland-Pfalz	27,5	36	38	41	46 + 1 exklusiv	
U Freiburg i. Br.	4	4	3	2	2 exklus. 1 Sportpäd., 1 Rel.-päd.	
PH Freiburg i. Br.	87	17	17	13	14 exklus. 4 Rel.-päd., 2 Sportpäd.	
U Heidelberg	5	6	6	4	3 exklusiv 1 Rel.päd.	
PH Heidelberg	101	37	30	28	27 inkl. 3 Päd. Psych., exklusiv 4 Rel.-päd., 1 Sportpäd.	
U Hohenheim				1	2	
U Karlsruhe	1	2	2	2	3	
PH Karlsruhe	76	13	11	9	8 inkl. 1 Päd.Psych.; exkl. 3 Rel.-päd.	
U Konstanz	1	1	0	1	1	
PH Ludwigsburg	87	33	29	28	29 inkl. 4 Päd. Psych., 2 Päd. Soz.; exklusiv 4 Rel.-päd.	
U Mannheim	4	4	4	3	4 inkl. 1 Päd. Psych.	
PH Schwäbisch-Gmünd	50	6	8	8	7 exklusiv 4 Rel.-päd.	
U Stuttgart	5	1	1	2	2	
U Tübingen	8	10	8	8	10 inkl. 1 Päd. Psych.; exkl. 1 Sportpäd.	
U Ulm	0	0	1	1	2 inkl. 1 Päd. Psych.	

PH Weingarten	64	12	11	10	10 exklusiv 4 Rel.-päd.	
Baden-Württemberg	493	146	131	120	124 + 30 exklusiv	
U Augsburg	6	6	6	7	6 exklusiv 1 Kunstpäd., 1 Musikpäd., 1 Sportpäd., 1 Didaktik der Arbeitslehre	
U Bamberg	18	12	23	9	9 exklusiv 1 Kunstpäd., 1 Musikpäd., 1 Rel.-päd.	
U Bayreuth	3	3	3	3	4 exklusiv 1 Sportpäd.	
Katholische U Eichstätt	13	15	15	7	6 exklusiv 1 Kunstpäd., 1 Musikpäd., 2 Rel.-päd.	
U Erlangen-Nürnberg	25	21	22	8	11 inkl. 1 Päd. Psych.; exklusiv 1 Kunstpäd., 1 Musikpäd., 2 Rel.-päd.	
U München	19	12	11	13	14 exklusiv 9 Päd. Psych.	
U der Bundeswehr München	12	13	8	6	6 exklusiv 1 Sportpsych.	
TU München				1	1 exklusiv 2 Sportpäd.	
U Passau	2	3	3	3	4 exklusiv 1 Kunstpäd., 1 Musikpäd.	
U Regensburg	6	6	6	6	7 inkl. 1 Gender Studies; exklusiv 1 Rel.-päd.	
U Würzburg	12	13	13	11	11 exklusiv 1 Kunstpäd., 1 Sportpäd., 2 Rel.-päd.	
Bayern	116	104	110	74	79 + 35 exklusiv	
U des Saarlandes	8	4	4	2	5 inkl. 1 Juniorprof.; exklusiv 1 Sportpäd.	1
Saarland	8	4	4	2	5 + 1 exklusiv	
FU Berlin	100	54	36	27	23 inkl. 1 Päd. Psych., 1 Päd. Soz., 2 Juniorprof.	2
TU Berlin	52	53	40	17	13 inkl. 1 Päd. Psych.	

U der Künste	17	12	12	8	7 exklusiv 2 Kustpäd., 2 Musikpäd., 2 Theaterpäd.	
HU Berlin		20	37	30	32 inkl. 1 Juniorprof., 1 Päd. Psych., 1 Päd. Soz.; exklusiv 1 Sportpäd.	1
Berlin	169 (nur West)	139	125	82	75 + 7 exklusiv	
TU Cottbus		1	0	1	2	
U Potsdam		3	18	19	19 exkl. 2 Musikpäd., 1 Sportpäd.	
Brandenburg	/	4	18	20	21 + 3 exklusiv	
U Greifswald		2	2	2	2	
U Rostock		10	11	13	13 inkl. 1 Heilpäd. Psych.	
Mecklenburg-Vorpommern	/	12	13	15	15	
TU Chemnitz		16	10	6	8 exklusiv 1 Sportpäd.	
TU Dresden		14	16	15	18 exklusiv 4 Fachdidaktiker	
U Leipzig		5	13	14	15 inkl. 2 Päd. Psych.	
Sachsen	/	35	39	35	41 + 5 exklusiv	
U Halle		4	19	18	20 inkl. 1 Juniorpof., 2 Päd. Psych., 1 Päd. Soz.; exklusiv 1 Musikpäd.; 1 Sportpäd	1
U Magdeburg		4	9	7	8 exkl. 1 Musikpäd., 1 Sportpäd.	
Sachsen-Anhalt	/	8	28	25	28 + 4 exklusiv	
PH Erfurt – ab 01.01.2001 integriert in U Erfurt		8	18	16	20 inkl. 2 Päd. Psych.; exkl. 1 Kunstpäd., 1 Sportpäd., 1 Rel.-päd.	
U Jena		5	6	9	10 inkl. 1 Päd. Psych.	
Thüringen	/	13	24	25	30 +3 exklusiv	
Summe nur inkl.	1670	1128	1024	905	926 nur inklusiv	13
Summe nur exkl.					182 nur exklusiv	
Summe insges.	1670	1128	1024	905	1108 insgesamt	

# Portale, Datenbanken, Kommunikationsdienste: Die Informationsinfrastruktur der Erziehungswissenschaft

Alexander Botte

1. Einstieg

Im August 2005 ging das Deutsche Institut für Internationale Pädagogische Forschung (DIPF) mit dem *Fachportal Pädagogik*[1] online. Das Fachportal Pädagogik (FPP) ist als zentraler Einstieg in die pädagogische Fachinformation und Volltextversorgung konzipiert. Knapp 10 Jahre zuvor betrat der Deutsche Bildungsserver[2] die Internetszene. Der Deutsche Bildungsserver (DBS), der seit 1999 ebenfalls vom DIPF in Frankfurt am Main betreut wird, versteht sich inzwischen als Informationsportal zum deutschen föderalen Bildungswesen, das qualitativ hochwertige Informationen zum Thema Bildung im Internet bietet. Beide Portale zählen den Wissenschaftsbereich zu ihren Zielgruppen.

Die Feststellung, dass ein und dieselbe Fachinformationseinrichtung, das Informationszentrum Bildung am DIPF, parallel zwei Internetportale im pädagogischen Themenfeld aufgesetzt hat, verweist auf einen informationspolitischen und disziplinspezifischen Hintergrund, der Gegenstand dieses Beitrages sein soll. Dabei wird auch die Frage nach der Zweckbestimmung von *(Fach-)Portalen* zu beantworten sein. Der heute gängige Begriff „Portal" war übrigens bei der Erstveröffentlichung des Bildungsservers im Jahre 1996 noch gar nicht gebräuchlich, was ein Hinweis darauf ist, dass der DBS als eines der ersten Fachportale im deutschsprachigen Raum eigentlich seiner Zeit voraus war[3].

Dieser Beitrag unternimmt den Versuch, die Konzepte der Fachinformation für den Bereich Erziehungswissenschaft und Bildungsforschung von den externen Anforderungen her zu beschreiben und dabei die wesentlichen Strukturmerkmale der pädagogischen Fachinformation sichtbar zu machen. Letzteres wird an Projekt- und Produktbeispielen verdeutlicht. Die Skizzierung der Infrastruktur von Fachinformation in Deutschland dient somit auch der besseren Orientierung im Feld der wissenschaftsbezogenen Informationsdienstleistungen. Im

---

1 www.fachportal-paedagogik.de
2 www.bildungsserver.de
3 Zum Portalbegriff und seiner Entwicklung vgl. Rösch (2001).

Zuge dieses Unterfangens soll auch nachvollziehbar werden, dass die beiden eingangs erwähnten Portale *DBS* und *Fachportal Pädagogik* zwar das gleiche Aufgabenfeld bedienen, jedoch in ihrer Parallelität informationsstrategisch sinnvoll sind. Ziel der Darstellung ist jedoch nicht eine komplette Bestandsaufnahme der Bildungsinformationslandschaft; für diesen Zweck wurden mit viel Aufwand ebendiese Portale eingerichtet, deren komfortable Informationszugänge durch einen gedruckten Beitrag nicht sinnvoll erweitert werden können.

2. Kontext und Aufgaben der Fachinformation: Fachinformationspolitik und ihre Paradigmenwechsel

Fachinformation wird häufig mit Literaturdokumentation bzw. Literaturdatenbanken assoziiert. Diese Assoziation ist sowohl historisch als auch aktuell wohl begründet: Die über 100 Jahre zurückreichenden Anfänge der damals noch „Dokumentation" benannten Disziplin oder Hilfswissenschaft befassten sich mit dem Nachweis von Information in Form von Schrifttum[4], und noch heute bildet eine Literaturdatenbank den Kern jedes größeren Fachinformationsangebots – gleich welcher Fachrichtung. Fachinformation im modernen Sinne, die neben der methodisch standardisierten Auswahl und Erschließung von Dokumenten auch die professionelle Vermittlung einschließt, entwickelte sich jedoch in der Breite erst mit den Möglichkeiten der elektronischen Informationsverarbeitung nach dem Zweiten Weltkrieg.

Politisch bedeutsam waren in diesem Zusammenhang vor allem das 1974 verabschiedete IuD-Programm der Bundesregierung, das 1985 und 1990 unter dem neuen Namen Fachinformationsprogramm fortgesetzt wurde[5]. Im Zuge dieser Programme entstanden Fachinformationseinrichtungen in öffentlicher Trägerschaft, die mit dem expliziten Auftrag ausgestattet waren, eine Informationsdienstleistung für die gesamte Breite einer Disziplin unter Nutzung moderner technischer Kommunikationsmittel bereitzustellen. Dabei wurde ab Mitte der 1980er Jahre mit dem Übergang zum Begriff „Fachinformation" ein politischer Anstoß gegeben, der auf eine stärkere Ausrichtung der institutionell geförderten Einrichtungen auf den nachgefragten Informationsbedarf abzielte. D.h. es wurde

---

4   Mindestens seit Anfang des 20. Jahrhunderts profiliert sich die „Dokumentation" als eigenes Tätigkeitsgebiet, das sich zu Beginn noch als eine von mehreren Wissenschafts- oder Forschungsmethoden betrachtete. Vgl. dazu: Seeger (2004).
5   Folgende Programme wurden vorgelegt: Programm der Bundesregierung zur Förderung der Information und Dokumentation 1974-77; Fachinformationsprogramm 1985-88 der Bundesregierung; Fachinformationsprogramm der Bundesregierung 1990-1994.

eine deutliche Marktorientierung gefordert, von der dann auch eine Steigerung des Eigenfinanzierungsanteils der Dienstleistungen erwartet wurde[6]. Die in den 1980er und 1990er Jahren entstandenen Datenbanken erhoben daher in der Regel Lizenzgebühren für die Nutzung.

Eine Fachinformationseinrichtung für den Bildungsbereich, schon im ersten IuD-Programm von 1974 geplant, entstand erst im Januar 1992 – und dies zunächst auch nur als von der BLK eingerichteter Modellversuch für drei Jahre. Die Verzögerung war einerseits auf die Komplexität des Unterfangens auf politischer Seite durch die Verantwortung der Länder für Bildungsfragen zurückzuführen, andererseits erschwerte die große Vielzahl (ca. 130) und technische Rückständigkeit von Datensammlungen im Bildungsbereich die erwünschte Perspektive eines einheitlichen und homogenen Zugriffs über eine zentrale Datenbank[7]. Der Modellversuch konnte mit der *Literaturdokumentation Bildung* auf CD-ROM, später *FIS Bildung Literaturdatenbank*, rasch ein Ergebnis vorlegen, das in der Folge das Fachinformationssystem Bildung auf Dauer absicherte. Trotz der „Verspätung" dieses Prozesses muss die gemeinsame Anstrengung von Bund und Ländern in der BLK, die zur Entstehung von *FIS Bildung* geführt hat und einige Jahre später mit dem DBS eine zweite von Bund und Ländern gemeinsam getragene Infrastruktureinrichtung zustande brachte, in ihrer Besonderheit gewürdigt werden; dies gilt vor allem angesichts der sich derzeit vollziehenden Föderalismusreform, die die historische „Ausnahmestellung" dieser beiden Initiativen wohl für die absehbare Zukunft sichern dürfte. *FIS Bildung* schloss in gewisser Weise die erste große Phase der Fachinformationsprogramme ab, die die Einrichtung und Grundfinanzierung von FI-Einrichtungen zum Ziel hatten.

Die *FIS Bildung Literaturdatenbank* entstand noch kurz vor der großen Zeit des Internets und des Online-Zugangs breiter Kreise der Wissenschaft und weiterer professioneller Nutzergruppen. Mit der Ausbreitung des Internets, vor allem in den späten 1990er Jahren, vollzog sich in vielen Bereichen ein Wechsel. Insbesondere für die Distribution von Fachinformationsdiensten wurde das Medium Internet unverzichtbar. Von nun an bestimmte das Internet, das mit der Erfahrung des unmittelbaren, weitgehend kostenlosen Online-Zugangs zu Informatio-

---

6 „Die einnahmeorientierte Grundfinanzierung der Fachinformationseinrichtungen erfolgt bei einer stagnierenden Grundfinanzierung mit dem Ziel, den Kostendeckungsgrad und ihr marktwirtschaftliches Verhalten zu steigern..." (Fachinformationsprogramm der Bundesregierung 1990-1994, 28).
7 Der seit den 1960er Jahren mehrfach mit Einzelmaßnahmen geförderte *Dokumentationsring Pädagogik* umfasste knapp 10 pädagogische Dokumentationseinrichtungen, musste aber für die Herausgabe einer gemeinsamen gedruckten *Bibliographie Pädagogik* noch sehr umständliche Herstellungsverfahren bemühen, die für die Erstellung einer integrierten elektronischen Publikation nicht geeignet waren.

nen verbunden ist, den Erwartungshorizont des Benutzers. In der Folge werden FI-Dienstleistungen, die im Internetzeitalter neu konzipiert werden, in der Regel ohne vorherige Anmeldeformalität und zunehmend auch kostenfrei angeboten. Teilweise sind sogar traditionell lizenzpflichtige Datenbanken (z.b. Medline, ERIC) nun über das Internet ohne Gebühren verfügbar.

Hinzu kommt, dass sich im Internet außergewöhnlich komfortable Möglichkeiten der Vernetzung von Ressourcen bieten. Allgemein bekannt ist die Funktion des „Verlinkens" von einer Webseite auf eine andere. Darüber hinaus gibt es gerade für Anbieter von Daten und Informationen weitere Verknüpfungsmöglichkeiten, die nur in einem nach allen Seiten offenen Raum, wie ihn das Internet bietet, realisierbar sind: Es können Datenbanken, die weiterhin getrennte Internetauftritte haben, über Metasuchtechniken mit einer Suchabfrage gleichzeitig befragt werden. Man kann darüber hinaus diese Verknüpfung getrennter und teilweise heterogener Datenbanken auch zu einem eigenen Webangebot mit eigenen komfortablen Suchfunktionalitäten ausgestalten (s.u. das Beispiel *vascoda*).

Diese hier nur ansatzweise skizzierten Möglichkeiten der Datenintegration, verbunden mit dem oben schon gekennzeichneten Erwartungsdruck, die reinen Informationsvermittlungsleistungen im Internet weitgehend kostenfrei anbieten zu müssen, haben in den letzten Jahren auch zu einem deutlichen Wandel der Fachinformationspolitik geführt. Nachdem die Fachinformationsprogramme der Bundesregierung, die auf disziplinbezogene institutionelle Förderung abzielten, Mitte der 1990er Jahre ausgelaufen waren, entstanden in der Folge programmatische Schriften[8], die sehr viel stärker die so genannte Informationsgesellschaft allgemein in den Blick nehmen und daraus vor allem technische und sonstige infrastrukturelle Förderungsaufgaben ableiten.

Dabei versteht sich staatliche Informationspolitik in den letzten Jahren immer mehr als Integrationspolitik. Dies bezieht sich zunächst auf die Einbeziehung immer breiterer Kreise in die Informationsgesellschaft durch Bereitstellung technischer und bildungsbezogener Förderprogramme (vom Kindergarten bis zur Weiterbildung). Daneben werden für die in den vorangegangenen Jahrzehnten errichtete öffentliche Informationsinfrastruktur Förderprogramme eingerichtet, die den abgestimmten und vor allem kooperativen Aufbau einer interdisziplinär und international ausgerichteten Informationslandschaft anregen sollen. Ein Nebeneffekt dieser Strategie ist, dass eigene Einnahmen der FI-Einrichtungen durch Gebühren aller Art zwar weiterhin anerkannt und erwünscht sind, diese

---

8 Beginnend mit: Programm der Bundesregierung 1996-2000, BMBF (1996). Weiter seien die beiden aktuellsten Schriften genannt: Aktionsprogramm der Bundesregierung, BMBF (2003), 90 Seiten; Strategisches Positionspapier, BMBF (2002), 11 Seiten.

aber nicht mehr der entscheidende Erfolgsmaßstab sind – und sie müssen vor allem nicht mehr in möglichst harter Konkurrenz untereinander erzielt werden. Das erste anspruchsvolle Produkt dieses neuen Förderkonzepts ist seit August 2003 unter dem Namen *vascoda*[9] online. Bei *vascoda* handelt es sich um ein interdisziplinäres Internetportal für wissenschaftliche Information in Deutschland. Das Portal vereinigt Internetdienste zahlreicher leistungsstarker wissenschaftlicher Bibliotheken und Informationseinrichtungen. Durch die systematische Bündelung unterschiedlicher Angebote in einem gemeinsamen Portal bietet *vascoda* ein integriertes wissenschaftliches Informationssystem mit Zugriff auf umfassende elektronische Volltexte, Dokumentenlieferdienste und Pay-per-view-Optionen.

Die Institutionen, die *vascoda* gemeinsam betreiben, haben im Herbst 2005 der Kooperation durch Gründung eines Vereins eine ungewöhnlich hohe Verbindlichkeit über einen bestimmten Förderzeitraum hinaus verliehen. Dies geschah auf Wunsch der Zuwendungsgeber DFG und beteiligter Bundesministerien, vor allem des BMBF. Dass DFG und BMBF ihre jeweiligen Förderprogramme – hier die „Virtuellen Bibliotheken", dort die „Informationsverbünde" – in eine gemeinsame Initiative einfließen lassen, ist ebenfalls ein bedeutsames Novum der neuen Förderpolitik. Mitte 2005 haben das „Fachinformationszentrum Karlsruhe" und das „Fachinformationszentrum Chemie", die sich thematisch in einigen Bereichen überschneiden, einen Kooperationsvertrag abgeschlossen. Ein ähnliches Zusammengehen wird von der „Technischen Informationsbibliothek (TIB)" Hannover und dem „Fachinformationszentrum Technik" in Frankfurt am Main erwartet. Auch hier steht die neue politische Förderungsstrategie der letzten Bundesregierung im Hintergrund. Offen ist, ob die neue Bundesregierung einen erneuten Wandel in der Informationspolitik vollziehen wird.

Weder die diversen Etappen der Fachinformationspolitik noch der Einzug des Internets haben die eingangs formulierte Feststellung erschüttert, dass Literaturdokumentation ihren hohen Stellenwert behalten hat. Auch dafür kann das neue Portal *vascoda*, das ja vor allem bibliographische Datenbanken verknüpft, als Beleg herangezogen werden. Die Bedeutung hochwertiger Fachliteratur als primärer Gegenstand wissenschaftlicher Dokumentation ist unverrückt, da sie für die Beschreibung des Feldes, für die Kommunikation von Resultaten und für die Bewertung von wissenschaftlicher Produktivität weiterhin den wichtigsten Zugang bietet. Für diese Funktionalitäten ist es allerdings nicht entscheidend, welche physikalische Erscheinungsform das literarische Dokument annimmt, ob es gedruckt oder elektronisch vorliegt, maßgeblich sind vielmehr die Seriosität und

---

9 http://www.vascoda.de

Validität des gesamten editorischen Prozesses, der seiner Veröffentlichung zugrunde liegt.

Damit kommt das Internet nun auch als Quelle von Informationen in den Fokus der Betrachtung, und zwar als neues Dokumentationsfeld, das relevante Inhalte liefert. Die Anforderung, die Ressourcen des Internets zu erschließen, ist in den letzten Jahren auf alle Anbieter von Informationsdiensten zugekommen. Die klassische Einstiegsaufgabe der Fachinformation, relevante Teile aus der Flut der Inhalte auszuwählen und für die dokumentarische Erfassung vorzusehen, ist nun noch bedeutend aufwändiger geworden. Der Anteil seriöser E-Dokumente wächst mit der voranschreitenden Akzeptanz des Internets als Publikationsmedium. Die Fachinformation kann dazu neue Informationsprodukte entwickeln oder die Internetquellen in bestehende (z.B. Literaturdatenbanken) einbeziehen. So sind z.B. Informationen über Institutionen, Personen und Ereignisse inzwischen nirgendwo so aktuell einzusehen wie im Internet. Der Aufbau von Datenbanken zu solchen Informationen macht im Zeitalter des Internets zum ersten Mal Sinn, da häufig eine unmittelbare Verknüpfung des Datenbankeintrages mit der originären Quelle im Internet möglich ist.

Portale haben den Anspruch, zu einem bestimmten Gegenstandsbereich alle im Internet verfügbaren und relevanten Informationen zu präsentieren und dabei unterschiedliche Zugangswege zu den meist in Datenbanken abgelegten Informationen zu eröffnen. Sie integrieren damit alle alten und neuen Produkte des Informationswesens. Portale sind dabei – wie Türen von Gebäuden – in ein mehr oder weniger klar umgrenztes Umfeld gerichtet, das durch Nutzertradition und thematische Schwerpunkte bestimmt wird. Diese Faktoren bilden den wesentlichen Hintergrund für die im Einstieg provokativ angeschnittene Problematik, dass das DIPF mit dem *Deutschen Bildungsserver* (DBS) und dem *Fachportal Pädagogik* (FPP) zwei Portale anbietet, die letztlich auf die gleichen Inhalte zurückgreifen.

Der DBS war von Anfang an ein Internetprodukt, das vor allem Internetquellen zum Bildungswesen erschließen sollte. Inhaltlich lag der Fokus des zunächst an der Humboldt-Universität unter Leitung von Peter Diepold entwickelten Servers auf dem Schulbereich. Mit dem Einstieg des DIPF in die Redaktion des Bildungsservers wurden zwar die inhaltliche Breite und Tiefe des Angebots deutlich ausgeweitet, dabei stehen allerdings die institutionelle Gliederung des deutschen Bildungswesens („offizieller Server von Bund und Ländern") sowie pädagogische Praxisfelder (Behindertenpädagogik, Medienpädagogik etc.) im Vordergrund. Aufgrund der Breite seines thematischen Spektrums und seiner Zielgruppen ist der DBS nicht als explizit wissenschaftsbezogenes Portal profiliert, obwohl er auch die Wege zu den wissenschaftlichen Quellen weist.

Die parallele Entwicklung eines wissenschaftsorientierten Portals lag daher nahe. Informationsstrukturell und förderungspolitisch war sie sogar geboten, da *vascoda* als interdisziplinäre Leitseite des gesamten Wissenschaftsbereichs auf disziplinären Fachportalen aufgebaut ist. Das *Fachportal Pädagogik*, in der Diktion der DFG die *Virtuelle Fachbibliothek Pädagogik*, stellt mit der *FIS Bildung Literaturdatenbank* im Zentrum sowie mit der Anbindung englischsprachiger bibliographischer Datenbanken die Fachliteratur in den Vordergrund. Gleichzeitig verzichtet es jedoch nicht auf die inhaltliche Fülle des in den Datenbanken des DBS gespeicherten Materials, sondern integriert dieses in weiterführende und vertiefende Rechercheangebote, nämlich in die „Metasuche" und das „Branchenverzeichnis".

Fachportal Pädagogik und *DBS* sind somit als zwei unterschiedlich ausgerichtete Zugänge zu einem gemeinsamen Datenpool zu verstehen, die die Durchlässigkeit in beiden Richtungen gewährleisten. Die Annäherung im Design bringt diese Verwandtschaft zum Ausdruck, die verbleibende Differenz bei der Präsentation der Daten ist der je unterschiedlichen Aufgabenstellung und Nutzungstradition der beiden Portale verpflichtet. Die mehrfache Präsentation von Inhalten in unterschiedlichen Settings ist für Internetportale kein Dilemma. Die DFG und das BMBF fördern sowohl den individuellen Auftritt einzelner Fachportale als auch die zusätzliche Verfügbarmachung dieser Inhalte im disziplinübergreifenden Portal *vascoda*. Der Nutzer wählt den Zugang, der seinem gewohnten Umfeld und seinen thematischen Interessen am nächsten liegt.

3 Systematische Beschreibung von erziehungswissenschaftlich relevanten Informationsdienstleistungen

Das Internet als Quelle und Medium von Fachinformationsangeboten eröffnet, soviel ist auf allgemeiner Ebene wohl schon deutlich geworden, neue Möglichkeiten, die aber auch mit neuen Anforderungen verbunden sind. Je anspruchsvoller man das Konzept einer Informationsdienstleistung anlegt, desto höher setzt man das Risiko an, „systematische Enttäuschungen"[10] herbeizuführen. Ansprüche an das Handling werden häufig von sehr avancierten technischen Lösungen her bestimmt. In dieser Hinsicht stehen Online-Informationsdienste vor hohen Herausforderungen, da sie in der vergleichenden Konkurrenz mit wirtschaftlich sehr potenten kommerziellen Anbietern (Google als Benchmark) stehen.

---

10 Der Begriff „Systematische Enttäuschungen" ist dem Titel eines Vortrages entlehnt, der sich zu einem frühen Stadium kritisch mit der Literaturdokumentation Bildung auf CD-ROM des „FIS Bildung" auseinandersetzte (siehe Wigger 1995).

Die politisch Verantwortlichen bieten den FI-Einrichtungen in dieser Situation jedoch Unterstützung. Es gibt eine Reihe von Förderprogrammen, die die Entwicklung moderner Lösungen für typische Problemlagen vorantreiben. Die nachfolgende systematische Darstellung gibt einen Überblick über die wichtigsten Entwicklungsfelder und erläutert diese an Beispielen, wobei jeweils in die Betrachtung einbezogen wird, inwieweit auch die für die Pädagogik/Erziehungswissenschaft zur Verfügung stehenden Dienstleistungen davon profitieren.

3.1 Online-Ressourcen

Befassen wir uns zunächst mit dem Internet als Quelle von Informationen – ein Bereich, der übrigens nicht nur bei nationalen, sondern auch bei europäischen Fördermaßnahmen starke Berücksichtigung findet.[11] Der große Vorzug von Internetquellen ist es, dass das Recherchesystem den Nachweis direkt mit der Primärinformation verbinden kann und damit ein so genanntes One-Stop-Shop-Angebot liefert. Das Ziel, den Endnutzer ohne Unterbrechung elektronisch bis zum Volltext zu führen, ist wesentlicher Bestandteil der in den letzten Jahren geförderten Projekte.

Für den pädagogischen Bereich hatte das von 2001 bis 2005 vom BMBF geförderte Projekt *infoconnex*[12] u.a. die Aufgabenstellung, eine bruchlose Informationskette von der komfortablen Recherche bis zum Volltext, auch wenn er kostenpflichtig ist, zur Verfügung zu stellen. Die im Projekt *infoconnex* entwickelten Komponenten der Literaturversorgung sind inzwischen auch auf die *FIS Bildung Literaturdatenbank* übertragen worden und können dort ebenfalls genutzt werden.[13] Dabei können auch Kunden, die kein festes Abonnement erwerben wollen, im Pay-per-view-Verfahren zugreifen.

Die volle Realisierung einer bruchlosen Verfügbarkeit des Volltextes ist maßgeblich davon abhängig, dass Beiträge aus Fachzeitschriften und wissenschaftlichen Sammelwerken online verfügbar sind. Dies ist besonders in der Pädagogik/Erziehungswissenschaft noch Zukunftsmusik. Das Projekt *infoconnex*, das in intensiven Verhandlungen mit den Fachverlagen technische und auch finanzielle Unterstützung bei der Online-Publikation von Zeitschriften anbieten

---

11 Projekte, die sich mit der inhaltlichen Erschließung des Internets befassen, konnten im spezifischen Programmbereich „Structuring the European Research Area" des 6. EU-Rahmenprogramms im Rahmen verschiedener „Actions" eingereicht werden. Darüber hinaus gibt es mit „e-content" und „e-content*plus*" eine eigene Programmlinie, die sich der Thematik widmet. Siehe: http://europa.eu.int/information_society/activities/econtentplus/index_en.htm
12 http://www.infoconnex.de
13 http://www.fachportalpaedagogik.de/fis_bildung/fis_form.html

konnte, hatte im pädagogischen Bereich nur sehr bescheidenen Erfolg. Die meisten wichtigen pädagogischen Fachzeitschriften sind weiterhin nicht online verfügbar.

In dieser Situation spielen modifizierte Varianten des „One-Stop-Shops" eine bedeutsame Rolle. So kann auch dann noch von einem Online-Service gesprochen werden, wenn auf elektronischem Wege die Verfügbarkeit des Volltextes angezeigt wird und eine Bestellung in Auftrag gegeben werden kann. Wissenschaftliche Fachbibliotheken bieten in zunehmendem Maße gegen Entgelt Online-Bestelldienste an und treten so neben elektronische Dokumentenlieferdienste wie *Subito*. Solche Dienstleistungen, die erst in den letzten Jahren, teilweise mit staatlicher Förderung, neu entstanden sind, sind allerdings durch rechtliche Konflikte in ihrer Existenz bedroht. Umso wünschenswerter ist es, wenn Literaturnachweissysteme die Lizenzrechte der einzelnen Hochschulen unmittelbar in die Verfügbarkeitsanzeige einbeziehen können. Diese interaktive Anbindung von lokalen Verfügbarkeitsdaten ist technisch machbar, aber für die *FIS Bildung Literaturdatenbank* zurzeit noch nicht umgesetzt. Die hierzu notwendige Programmierung von Schnittstellen wird im Rahmen der zweiten Förderphase des Projektes *Fachportal Pädagogik* realisiert.

Insgesamt ist die elektronisch gesteuerte Bereitstellung wissenschaftlicher Volltexte noch ein sehr komplexer Vorgang, der die Detailberücksichtigung unterschiedlicher Dokumentarten und Rechtsverhältnisse erfordert.[14] Rechtlich und technisch weniger problematisch ist die Einbeziehung der Dokumente von Hochschul- und sonstigen Wissenschaftsservern, die ja in der Regel lizenzfrei zur Verfügung gestellt werden. Allerdings werden die Dokumente auf diesen Servern in der Regel ohne Metadaten eingestellt. Damit stellt sich bei einer Integration der Daten in die *FIS Bildung Literaturdatenbank* die Aufgabe der inhaltlichen Erschließung. Über das kooperative Erschließungssystem von FIS Bildung kann nur ein Teil dieser Dokumente bearbeitet werden. Zurzeit sind insgesamt ca. 5.200 Nachweise der *FIS Bildung Literaturdatenbank* mit einem Link auf eine Online-Ausgabe des Volltextes verknüpft.

Online-Publikationen, die nicht fachdokumentarisch erschlossen wurden, können über eine Volltextrecherche („Suchen auf ausgewählten Dokumentenservern"), die auf der Seite „Metasuche" des *Fachportals Pädagogik* angeboten wird, übergreifend per Stichwort abgesucht werden. Der Bildungsserver bietet eine ähnliche Volltextsuche an (http://www.bildungsserver.de/search/), macht

---

14 Ein Beispiel für eine aufwändige Online-Edition nicht-textlicher, sondern bildlicher Materialien ist die bildungshistorische Edition *Pictura Paedagogica Online* der Bibliothek für Bildungsgeschichtliche Forschung des DIPF: http://www.bbf.dipf.de/VirtuellesBildarchiv/.

dort aber eher praxisbezogene Dokumentenserver wie die Landesbildungsserver zugänglich.

Ein weiterer erstaunlich vielschichtiger Problemkomplex ist die Sicherung der „Persistenz" der Verlinkungen von Online-Dokumenten. Viele Internetadressen sind schon nach kurzer Zeit instabil oder gänzlich flüchtig. Eine dauerhafte Lösung liegt hier in der Vergabe eines zum Dokument gehörigen „Identifiers" (wie eine ISBN bei einem Buch), der unabhängig von der Internetadresse ist. Stellt man den Anspruch, Langzeitverfügbarkeit über mehrere Jahre oder Jahrzehnte zu sichern, müssen eine Reihe technischer Feinheiten und umfangreiche organisatorische Regelungen bei der Archivierung von Online-Dokumenten berücksichtigt werden.[15] Niemand kann garantieren, dass ein heutiges Word-Format in 10 Jahren von den dann aktuellen Textverarbeitungssystemen noch lesbar ist. Zwei große Projekte[16] unter der Federführung der Deutschen Bibliothek befassen sich mit der Problematik der Langzeitverfügbarkeit. Dabei ist vorgesehen, dass neben der Deutschen Bibliothek, die auch hier ihre nationale Funktion als Zentralarchiv wahrnehmen wird, weitere disziplinspezifische digitale Repositorien gebildet werden, die nicht immer die bisherigen Sondersammelgebietsbibliotheken zur Verfügung stellen müssen. Die Bibliothek für Bildungsgeschichtliche Forschung in Berlin, die mit dem Aufbau eines digitalen Archivs befasst ist, in das z.B. auch Materialien der DGfE eingestellt werden, könnte für den erziehungswissenschaftlichen Bereich eine entsprechende Funktion ausüben. Das *Fachportal Pädagogik* kooperiert mit diesen Vorhaben und wird bis 2008 für seine Dokumente einen Anschluss an die Ergebnisse dieser Projekte herstellen.

3.2 Nutzerfreundlichkeit und Individualisierung der Informationsdienste

Die Verbesserung der Suchfunktionalitäten ist eine unmittelbar nutzerbezogene Zielsetzung, d.h. es geht darum, für den potenziellen Nutzer den Zugang und den Umgang mit der angebotenen Informationsdienstleistung möglichst komfortabel zu gestalten. Dabei sind einerseits die Vorkenntnisse und Gewohnheiten, andererseits auch spezifische individuelle Bedürfnisse relevanter Nutzergruppen zu berücksichtigen.

Für jeden leicht nachvollziehbar ist der Einfluss, den Suchmaschinen auf die Erwartungshaltung der Nutzer bei einer Internetrecherche haben. Schon seit

---

15 Eine gute und knappe Einführung in die Problematik der Langzeitverfügbarkeit bieten Schwens/ Liegmann (2004).
16 KOPAL – Kooperativer Aufbau eines Langzeitarchivs Digitaler Informationen (2004-2007) und NESTOR – Kompetenznetzwerk Langzeitarchivierung (2003-2006).

Jahren verfügen moderne Fachdatenbanken daher über ein Suchangebot, das die Keep-it-simple-Philosophie der Suchmaschinen imitiert.[17] Eine weit größere Herausforderung stellen jedoch die von Suchmaschinen her bekannten semantischen Unterstützungen (Fuzzy-Suche: „Meinten Sie...?") oder gar die Ranking-Verfahren bei der Präsentation von Treffern (Anspruch: die relevantesten Dokumente werden zuerst angezeigt!) dar. Hier müssen nicht nur technische Verfahren übernommen werden, sondern für jede Datenbank sind spezifische Adaptionen zu entwickeln und in Erprobungsläufen zu optimieren. Eine erste Umsetzung der semantischen Hilfestellung über die Fuzzy-Logik im pädagogischen Bereich findet sich in der Datenbank des *InfoWeb Weiterbildung*[18] über den Button „Unscharfe Suche", die es erlaubt, eine Suche zu starten, wenn man sich über den genauen Begriff oder Namen des Gesuchten nicht im Klaren ist.

Die Übertragung von Suchmaschinentechnologie auf Fachinformationsangebote ist eine der sehr aktuellen Zielstellungen der staatlichen Förderprogramme. Auch im Rahmen von *vascoda* werden Maßnahmen zur Adaption von Suchmaschinentechnologie in der Fachinformation gefördert.[19] Für die Pädagogik wird die nutzerfreundliche Optimierung von Suchfunktionalitäten einer der Schwerpunkte in der zweiten Phase des DFG-Projektes *Fachportal Pädagogik* sein, die im Februar 2006 begonnen hat.

Unter dem Aspekt der Nutzerspezifik ist ein Ansatz interessant, der mit den Begriffen „Personalisierung" und „Individualisierung" umschrieben wird. Es geht dabei vor allem um persönliche Suchprofile, bei denen der Kunde in regelmäßigen Abständen neu eingetragene Informationen zu einem thematischen oder formalen Profil erhält, das er unter seinem Namen hinterlegt. Persönliche Suchprofile[20] haben eigentlich schon eine lange Tradition im FI-Angebot. Moderne Internettechniken heben die Einrichtung und Abwandlung solcher Profile jedoch auf ein neues Qualitätsniveau. Ein wahrscheinlich bekanntes Beispiel ist der Presseinformationsdienst für die Wissenschaft *idw*. Der DBS bietet mit *Mein Bildungsserver*[21] ebenfalls einen Profildienst an.

In den Kontext des Nutzerbezugs fällt auch die so genannte „Barrierefreiheit" von Internetangeboten. Internetseiten sollen so gestaltet sein, dass sie auch

---

17 siehe z.B. die „Einfache Suche" der „FIS Bildung Literaturdatenbank" unter http://www.fachportalpaedagogik.de/fis_bildung/index.html
18 http://www.iwwb.de
19 Unter http://suchen.hbz-nrw.de/dreilaender/index.jsp bietet das für diesen Bereich in vascoda federführende HBZ-NRW seit November 2005 einen umfangreichen Bibliotheksbestand (31 Mio. Titel) mit einer sehr schnellen und funktionsreichen Suchmaschine an, die die Technologie der Firma FAST verwendet.
20 Personalisierungsdienste sind unter den Bezeichnungen Selective Disseminiation of Information (SDI), Alert oder Current-Awareness-Dienste bekannt.
21 http://eintrag.bildungsserver.de/pd/mein_bildungsserver.html

für Behinderte versteh- und nutzbar sind. Der Bund und auch bereits einige Länder haben eine Barrierefreie-Informationstechnik-Verordnung (BIT-V) verabschiedet und damit die Barrierefreiheit für Informationsangebote des öffentlichen Dienstes verpflichtend gemacht. In *vascoda* wird die perspektivische Barrierefreiheit auch aller Unterportale durch ein eigenes Teilprojekt gesichert, für das das IZ Bildung des DIPF die Verantwortung übernommen hat.

Die nutzerbezogene Gestaltung von Informationsangeboten hat natürlich auch eine starke inhaltliche Komponente. Die traditionelle Fachinformationslandschaft ist disziplinär untergliedert. An den thematischen Rändern und in Überschneidungsbereichen kann der Nutzer oft nicht sicher sein, welche Datenbanken er alle einbeziehen muss, um einen vollständigen Überblick über sein Thema zu bekommen. Dieser Umstand bildet den Hintergrund der neuen staatlicherseits geforderten und geförderten interdisziplinären Zugänge, die nur über das Zusammenwirken der disziplinären Fachinformationsreinrichtungen herstellbar sind.

Im weit gespannten Kooperationsverbund von „FIS Bildung" sind seit Jahren die Nachbardisziplinen Sozialwissenschaften, Psychologie, seit neuem auch die Wirtschaftswissenschaften beteiligt. Dies sichert ab, dass die Überschneidungsbereiche in allen disziplinären Datenbanken recherchierbar sind. Eine wirklich interdisziplinäre Suche war damit jedoch noch nicht möglich. Im vom Bund geförderten Angebot *infoconnex*[22] ist eine Metasuche über die Literaturdatenbanken der Pädagogik, Psychologie und der Sozialwissenschaften möglich. Dabei sorgen Cross-Konkordanzen, d.h. semantisch geprüfte Transformationen von Begriffen, zwischen den genuinen Schlagwortbeständen dieser drei Datenbanken für eine Behebung der Heterogenität: der traditionelle Nutzer der Datenbank *SOLIS* kann mit dem ihm vertrauten Schlagwortbestand des „IZ Sozialwissenschaften" auch gleichzeitig in den Datenbanken von „FIS Bildung" und des „Zentrum für Psychologische Information und Dokumentation" (*Psyndex*) recherchieren.

Mit einem Wechsel zu *vascoda*[23] kann diese Recherche auf knapp 25 weitere Datenbanken ausgedehnt werden. Hier findet allerdings noch keine Heterogenitätsbehandlung durch Konkordanzen statt (s.o.). Bei Zweifeln an der Treffsicherheit in einem bestimmten Bestand sollte der Benutzer also diese Datenbank noch einmal direkt aufsuchen und das dort zur Verfügung gestellte Schlagwortsystem im Hinblick auf seine Thematik prüfen.

Eine weitere politische Anforderung bezieht sich auf die Internationalität der Angebote. Soweit es hier darum geht, ausländischen Nutzern den Zugang zu

---

22 Siehe Fußnote 11.
23 Siehe Fußnote 9.

ermöglichen, ist eine englischsprachige Oberfläche für alle Angebote, die nicht explizit auf einen heimischen Benutzerkreis ausgerichtet sind, Pflicht. Andererseits sollten aber auch international übliche Internetstandards (wie z.b. die Dreispaltigkeit der Homepage mit einer Navigationsleiste in der linken Spalte und Kontextinformationen in der rechten Spalte) weitestgehend Berücksichtigung finden, damit der ausländische Besucher sich entsprechend seinen Gewohnheiten orientieren kann.

Internationalität bedeutet aber auch, die ausländischen Informationsangebote für die deutsche Klientel zu erschließen und möglichst in das eigene Datenangebot zu integrieren. Hierzu werden im *Fachportal Pädagogik* komfortable zweisprachige Recherchemöglichkeiten (cross-language-search) in wichtigen englischsprachigen Fachdatenbanken vorbereitet, deren erste Entwicklungsschritte schon in die Metasuche integriert sind. Der *DBS* stellt vor allem mit seinem Unterportal *Bildung weltweit*[24] ein Angebot zur Verfügung, das vielfältige Zugänge zum internationalen Bildungswesen eröffnet.

3.3 Mehrwertdienste

„Mehrwertdienst" ist ein heute häufig verwendeter Hilfsterminus, der als Sammelbegriff für Dienstleistungen dient, die neben der primären Recherche in elektronisch verfügbaren Datensammlungen zusätzliche Verwendungsmöglichkeiten des Datenmaterials anbieten, die in der Regel auf der Anwendung neuerer Kommunikationstechniken beruhen. Solche sekundären Einsatzfelder von Datensammlungen haben in der Fachinformation besonders im innovativen Bereich eine wachsende Bedeutung.

Informationsdienstleistungen mit hoher Aktualität

Die aus dem Amerikanischen übernommenen Bezeichnungen „Alerting" und „Awareness" kennzeichnen Service-Angebote, die vor allem auf zeitnahe und automatisierte Informationsvermittlung abheben. Ähnlich wie bei den verwandten Personalisierungsdiensten können tagesaktuell Neueinträge aus Datenbanken abonniert werden. Vorrangige Gegenstandsbereiche sind dabei Veranstaltungen, aktuelle Veröffentlichungen, Rezensionsjournale. Diese Dienste können jedoch auch als ständige Funktionalitäten abrufbereit zur Verfügung gestellt werden, wie beim *DBS* z.B. die Rubrik „Neu eingetragen" in der rechten Spalte.

In letzter Zeit sehr verbreitet sind RSS-Feeds. Sie erfüllen ebenfalls die Funktion, sich ganz aktuell über Neueinträge informieren zu lassen. Der RSS-

---

24 http://www.dipf.de/datenbanken/IZB_bildungweltweit.htm

Feed des *DBS* bietet dabei zusätzlich noch einige voreingestellte thematische Profile als Auswahlmöglichkeit an. In der Regel muss man zum Lesen von RSS-Feeds eine Reader-Software installieren. Beispielhaft sind auch die RSS-Feeds von *Lehrer-Online*[25], die auch Zugriff auf Neuigkeiten anderer bildungsrelevanter Server bieten.

Redaktionelle Anreicherungen
Die Einbettung von Informationen aus Datenbanken in neu erstellte redaktionelle Einheiten wie Dossiers, Newsletter oder in eigens erstellte Journale ist ein weiteres Feld der Nachnutzung von Datenmaterial. Dossiers, im neuen Design des DBS prominent in der mittleren Spalte platziert und als Archiv über die rechte Spalte abrufbar, sind umfangreiche Materialzusammenstellungen zu einem Thema, die eine hohe Nutzungsfrequenz erzielen können, wie es z.b. bei neuen PISA-Veröffentlichungen die Regel ist.

Bildung Plus[26] und das Portal *Lesen in Deutschland*[27] sind zwei Beispiele für eigenständige Online-Journale, die ein Interview oder einen aktuell recherchierten Text in den Mittelpunkt stellen und ausgewähltes Material des DBS als ergänzenden Informationshintergrund anbieten. Diese Publikationsform hat ein für Fachinformationsdienste ungewöhnlich starkes dynamisches Moment, weil die unmittelbare Ansprache des Lesers mit einem aktuellen Thema eine kommunikative Wirkung entfaltet. Online-Journale sind daher in besonderer Weise geeignet, kommunikative Dienste (wie z.B. Themenchats s. u.) anzubieten.

Das DIPF nutzt seine Datensammlungen darüber hinaus, um in wissenschaftlichen Fachzeitschriften[28] eigene Rubriken zu bestücken, die themenbezogen auf online verfügbare, aber auch gedruckte Dokumente verweisen. Da die Akzeptanz von elektronischer Fachinformation im Bereich der Erziehungswissenschaft immer noch verbesserungsfähig ist, dienen gerade die letztgenannten Produkte auch dem Ziel, eine Verbindung zwischen getrennten „Lesekulturen" herzustellen.

Kommunikationsdienste
Die Zielsetzung, im Rahmen von Fachinformationsdiensten auch eine Infrastruktur zur Erleichterung der Kommunikation und Kooperation von Wissenschaftlern bereitzustellen, ist ein wichtiges perspektivisches Element aktueller Fachinfor-

---

25 http://www.lehrer-online.de/dyn/9.asp?path=/bildungsnews
26 http://bildungplus.forumbildung.de/templates/index.php
27 http://www.lesen-in-deutschland.de/html/index.php
28 Zurzeit gibt es solche Rubriken in folgenden Zeitschriften: „Grundlagen der Weiterbildung", „Recht der Jugend und des Bildungswesens", „Zeitschrift für Pädagogik".

mationsprogramme[29], wobei zumeist der Begriff der „Vernetzung" im Hintergrund steht. Es ist zu vermuten, dass Kommunikationsformen, wie sie vor allem die nichtwissenschaftliche Internetöffentlichkeit entwickelt hat, nur bedingt tauglich sind, um diese Zielsetzung im Wissenschaftsbereich zu verwirklichen (siehe dazu den abschließenden Abschnitt 4).

Allerdings bewegt sich im Feld der interaktiven Elemente des Internets in letzter Zeit sehr viel. Neben die traditionellen Kommunikationstechniken wie Mailinglisten, Foren und Chats treten neue, teilweise nur schwach unterscheidbare Interaktionsfelder wie Wikis und Weblogs oder Blogs. Letztere zielen vor allem auf die verteilte Erstellung von Kompendien und Know-how zu bestimmten Themengebieten.

Im Bildungsbereich sind die neuen Techniken schon im Einsatz. Beispiele sind das *ZUM-Wiki*[30] im gleichnamigen Portal für Unterrichtsmaterial oder der *BildungsBlog*[31], der sich im Untertitel *Community-Weblog rund um Bildung, Lernen und Lehren* nennt. Der *BildungsBlog* verweist im übrigen auf weitere Blogs im Themenumfeld. Bei näherer Betrachtung wird deutlich, dass der neue technische Rahmen noch wenig mit Leben gefüllt ist, weil die Zahl der Teilnehmer bescheiden und die wechselseitige Bezugnahme noch marginal sind. Auch traditionellere Plattformen wie z.B. Foren tun sich schwer, wenn es um Herstellung von Kommunikation oder gar Kooperation geht. Das Forum *Kritische Pädagogik*[32] hat sicher eine beträchtliche Zahl an Online-Texten gesammelt, ob sich dadurch aber wirklich eine „scientific community" gebildet hat, die interagiert, wäre zu prüfen. Für die meisten Nutzer ist das Internet vor allem ein Informationsmedium, nur wenigen scheint der anonyme Internetraum für den kommunikativen Austausch geeignet. Und dies gilt in gesteigertem Maße für die Zielgruppe Wissenschaft.

Wenn im Wissenschaftsbereich kommunikative Bezugnahme und kooperative Aktivitäten unterstützt werden sollen, muss die entsprechende Plattform geschützte Räume für überschaubare Arbeitsgruppen anbieten. Diese Möglichkeit eröffnet die Plattform *CommSy* der Hamburger Universität, indem sie neben Gemeinschaftsräumen, die allen zugängliche Informationen präsentieren, auch so genannte Projekträume für Arbeitsgruppen bereitstellt. Die Erziehungswissenschaft in Hamburg macht von diesem System Gebrauch.[33] *EduCommSy* gibt

---

29 Siehe z.B. Strategisches Positionspapier, BMBF (2002).
30 http://www.zum.de/wiki/index.php/Hauptseite_des_ZUM-Wiki
31 http://bildung.twoday.net/BildungsBlog
32 http://forum-kritische-paedagogik.de/start/news.php
33 http://edu.commsy.de/

einer Vielzahl von Projekten einen geschlossenen virtuellen Kommunikationsraum, führt aber z.B. die Diskussion um ein Kerncurriculum fachbereichsweit. Zusammenfassend muss man die derzeitige Nutzung virtueller Kommunikationsmöglichkeiten durch die Erziehungswissenschaft sicher noch sehr skeptisch einschätzen, allerdings verbessern sich die Angebote nicht nur technisch, sondern auch konzeptionell sehr rasch und passen sich damit dem Nutzerbedarf an. In naher Zukunft könnte eine Reihe gut moderierter virtueller Räume die Akzeptanz solcher Kommunikationsformen auch im wissenschaftlichen Bereich erhöhen. Für bildungspolitische Themen können dies auch Chats sein, die bislang eigentlich nur im jugendlichen Freizeit- oder im Consumerbereich stärker frequentiert zu sein scheinen. Dass sich der große und anhaltende Erfolg des interaktiv erstellten Onlinelexikons *wikipedia*[34] nicht so ohne weiteres reproduzieren lässt, sollte Anlass geben, die genauen Bedingungen, unter denen kommunikativ und interaktiv angelegte Plattformen im Internet gut funktionieren, zu analysieren. Das DIPF wird sich dieser Problematik vor allem im Kontext des *DBS* in nächster Zeit stellen und einige kleinere Projekte und Pilotierungen, flankiert durch eine Diplomarbeit, aufsetzen.

Szientometrische Unterstützungssysteme

Ein Mehrwertdienst auf ganz anderer Ebene liegt vor, wenn Datenbanken für szientometrische Zwecke, d.h. zur Messung von wissenschaftlichen Leistungen, verwendet werden. Performanzindikatoren für Forschung und Lehre werden seit einigen Jahren immer wichtiger. Sie erhöhen – öffentlich kommuniziert – nicht nur die Reputation wissenschaftlicher Einrichtungen, sie spielen auch bei disziplininterner Selbstverständigung eine Rolle, wie sie z.B. in regelmäßigen Abständen im Datenreport Erziehungswissenschaft unternommen wird. Ein erheblicher Teil dieser Indikatoren greift auf bibliometrische Informationen zurück. Gerade die verstärkte Nutzung derartiger bibliometrischer Information hat allerdings deutlich gemacht, dass darauf gestützte Indikatoren keine Routineinstrumente sind, sondern einer sehr sorgfältigen Prüfung und Aufbereitung bedürfen, sowohl hinsichtlich der Datenbasis wie auch im Hinblick auf geeignete Kennzahlen (Van Raan 2005; Weingart 2005).

Ein zurzeit im Begutachtungsverfahren befindlicher DFG-Antrag[35] will daher wissenschaftssoziologische Grundlagenforschung so mit einer anwendungsorientierten Perspektive verbinden, dass im Ergebnis eine Verbesserung der

---

34 www.wikipedia.de
35 An dem Antrag sind neben dem DIPF (Prof. Dr. Marc Rittberger) das neue Institut für Forschungsinformation und Qualitätssicherung, Bonn (Prof. Dr. Stefan Hornbostel) und der Fachbereich 12 der Universität Dortmund (Prof. Dr. Vogel) beteiligt.

instrumentellen Voraussetzungen für Maßnahmen der Evaluation, Qualitätssicherung und Transparenzerzeugung im Bereich der Forschungsleistungen in der Erziehungswissenschaft möglich wird. Das Instrument, das mit Blick auf seine bibliometrische Verwendung optimiert werden soll, ist die *FIS Bildung Literaturdatenbank*, die ja auch bisher schon für solche Zwecke herangezogen wird. Das Projekt bewegt sich im Kontext der wissenschaftspolitischen Prämisse, dass bibliometrische Verfahren, unbeschadet der gegen sie ins Feld geführten Kritik, zur Begutachtung von wissenschaftlichen Leistungen zur Anwendung kommen werden. Vor diesem Hintergrund zielt das Projekt darauf ab, die kritischen Einwände gegen die Validität von Instrumenten, wie sie der *Social Science Citation Index*[36] repräsentiert, zu berücksichtigen und eine der erziehungswissenschaftlichen Publikationskultur angemessene Generierung von Indikatoren vorzuschlagen. Bei Bewilligung des Projekts ist 2007 mit ersten Zwischenergebnissen zu rechnen.

3.4 Open Access und Fachinformation

Das Internet hat den Bedarf erzeugt, möglichst viele Informationen unmittelbar online verfügbar zu haben. Die traditionelle Publikationskette kommt diesem Bedarf nicht entgegen, und die Konflikte zwischen Verlagsinteressen und wissenschaftlicher Öffentlichkeit lassen sich auch im Rahmen größerer Projektvorhaben nicht auflösen, wie es u.a. das Projekt *infoconnex* für den sozial- und erziehungswissenschaftlichen Bereich gezeigt hat. Hinzu kommen massive Preissteigerungen und lizenzrechtliche Nutzungseinschränkungen für Fachzeitschriften in den letzten Jahren.

Die konfrontative Situation hat zu einer breiten, auch politischen, Unterstützung für die radikale Forderung nach freiem Zugang zu Wissen und Information geführt, die sich inzwischen auch in verschiedenen Initiativen organisiert hat. Vorrangig zu nennen ist die *Budapest Open Access Initiative (BOAI)* von 2001 und die schon 1999 gegründete *Open Archive Initiative (OAI)*. Dass es sich hierbei um einen Frontalangriff auf das private wissenschaftsorientierte Verlagswesen handelt, wird deutlich, wenn man sich vergegenwärtigt, wie die *BOAI Open Access* definiert, nämlich dass wissenschaftliche Literatur, insbesondere Zeitschriften, „... kostenfrei und öffentlich im Internet zugänglich sein sollte, so dass Interessierte die Volltexte lesen, herunterladen, kopieren, verteilen, drucken, in

---

36 http://scientific.thomson.com/products/ssci/

ihnen suchen, auf sie verweisen und sie auch sonst auf jede denkbare legale Weise benutzen können, ohne finanzielle, gesetzliche oder technische Barrieren ...".[37] Trotz der auch wirtschaftspolitischen Brisanz der open-access-Bewegung haben sich alle großen Wissenschaftsgemeinschaften und zahlreiche Einzeleinrichtungen der so genannten „Berliner Erklärung"[38] zur Unterstützung von BOAI angeschlossen. Die DFG hat eigens eine Studie durchgeführt mit dem Ziel, die Differenz zwischen der breiten ideellen Unterstützung im Wissenschaftsbereich und dem tatsächlichen Publikationsverhalten zu überwinden (Deutsche Forschungsgemeinschaft 2005).

Mit der Durchsetzung der Ziele von *Open Access* sind vor allem neue Publikationsstrategien im Wissenschaftsbereich verbunden, die ein Geflecht von technischen, editorischen und vor allem auch finanziellen Problemen erzeugen. Mehrere Arbeitsgruppen (u. a. bei den Wissenschaftsgemeinschaften) haben sich konstituiert, zahlreiche Projekte zu Open Access befinden sich in unterschiedlichen Stadien[39]. Die DFG hat ein eigenes Förderprogramm: *Elektronische Publikationen im wissenschaftlichen Literatur- und Informationsangebot*.

Open Access wird auch die Fachinformationsdienstleistungen beeinflussen. Sollte diese Publikationsform zukünftig maßgeblich werden, profitieren nicht nur Informationsprodukte davon, die eine bruchlose Volltextversorgung anstreben (s.o.), sondern auch alle arbeitsplatzbezogenen Integrations- und Kommunikationsansätze, die natürlich auf der Durchsetzung von „e-science", d.h. einer digitalen Kommunikationsstruktur des Wissenschaftsbetriebs, basieren. Darüber hinaus kann eine solche Entwicklung die internen Arbeitsabläufe in Fachinformationseinrichtungen modifizieren. So sind elektronische Verfahren der Sacherschließung weit besser konfigurierbar, wenn die Volltexte selbst elektronisch vorliegen.

Auch gegenwärtig hat *Open Access* schon Auswirkungen auf bibliographische Datenbanken, wenn z.B. Parallelversionen zu gedruckten Beiträgen auf Hochschulservern publiziert werden und damit ein Mehrfachnachweis möglich wird. Die von vielen Hochschulen unterstützte Tendenz, Dissertationen online zu publizieren, öffnet ein großes Reservoir an hochwertiger wissenschaftlicher Literatur, die im Internet zugänglich ist. Auch Publikationen auf so genannten Preprint-Servern, die noch vor weiterer Bearbeitung stehen, sollten über Verweissysteme der Fachinformation zugänglich sein. Portale wie das *Fachportal Pädagogik* nehmen die Funktion wahr, die Sichtbarkeit elektronischer Publikati-

---

37 Budapest Open Access Initiative: http://www.soros.org/openaccess/index.shtml, zitiert nach Andermann (2004, 562).
38 http://www.mpg.de/pdf/openaccess/BerlinDeclaration_dt.pdf
39 Eines der ersten Projekte zu dieser Thematik ist *German Academic Publishers (GAP)*, das 2001 begann und sich im November 2005 als Verein konstituierte: http://www.gap-portal.de/

onen zu verbessern, um damit die Akzeptanz dieser Publikationsform zu erhöhen.

4 Perspektiven: Produkte in der Entwicklung

Aus der Perspektive der Fachinformationseinrichtungen stellt die zunehmende Digitalisierung von Information jedoch auch eine Existenzbedrohung dar: Digitale Volltexte können auch ohne dokumentarisches Know-how leichter in Nachweisdatenbanken übernommen werden als konventionelle Literatur. *Google Scholar* und eine Reihe von neuen Verlagsprodukten wie z.b. *Scopus* von „Elsevier" beeindrucken durch ihre quantitativen Dimensionen und sind technologisch auf dem neuesten Stand.

Aus fachlicher Sicht unterliegt die Inhaltserschließung dieser Datenbanken der Kritik. Die inhärente Erwartung, dass nur die erste Seite der Ergebnislisten relevante Treffer enthalten kann, führt bei Rankingsystemen, die wie *Google Scholar* die Anzahl der Zitationen zum Maßstab machen, dazu, dass sehr aktuelle Literatur, die bislang noch nicht zitiert wurde, in den hinteren Bereich der unbeachteten Treffer verwiesen wird. Weitere „handwerkliche" Mängel ließen sich aufzählen, von denen jedoch erwartet werden darf, dass sie in Zukunft durch Weiterentwicklung der Algorithmen und Anpassung des Nutzerverhaltens reduziert werden.

Entscheidender Wettbewerbsnachteil dieser kommerziellen Dienste ist jedoch, dass sie keine Nähe zu den einzelnen Fachdisziplinen haben und damit ihre Spezifika nicht berücksichtigen können. Sie beziehen ein sehr breites Spektrum von Disziplinen, aber nur einen spezifischen Ausschnitt von Dokumenttypen (*Scopus* z. B. nur Zeitschriftenaufsätze) ein, der unter Umständen für die Disziplin wichtige Publikationen unberücksichtigt lässt.

FI-Einrichtungen müssen perspektivisch die fachliche Nähe zu ihrer Disziplin noch stärker als besonderes Plus ausbauen. Die nächste Generation von Informationsdiensten für die Wissenschaft wird auf der Voraussetzung aufbauen, dass Wissenschaft im Wesentlichen digital abläuft, virtuelle Vernetzung also alle wesentlichen Produktions- und Publikationsfelder umfassen kann. Das bedeutet, dass die FI-Einrichtungen, gestützt auf eine besondere Nähe zur Disziplin, ihre Dienstleistungen in den nutzerspezifischen Arbeitsprozess integrieren und dabei auch für kleine (Forschungs-)Gruppen spezifische Angebote entwickeln müssen: D.h. Portale für den Wissenschaftsbereich müssen zukünftig den gesamten Ausbildungs- und Forschungsprozess mit auf den spezifischen Bedarf abgestimmten Angeboten unterstützen, indem sie als adaptive Beratungssysteme angelegt werden, die auch dialogische Prozesse einbeziehen können.

Ein solches Szenario setzt voraus, dass Forschung und Fachinformation in der Grundkonzeption solcher Dienstleistungen eng kommunizieren, damit die vorbereiteten Informationsmodule auch den Bedarf der Forschung treffen können. Das erweiterte Konzept wird vor allem durch die Adaptivität von Datenbanken und durch die Entwicklung spezifischer Forschungsdossiers bestimmt. Darüber hinaus ist für herausgehobene Forschungsthemen auch ein Dienstleistungsangebot denkbar, das persönliche Beratungskommunikation einschließt (s. u. das Projekt „Internationalisierung").

Adaptivität von Datenbanken meint, dass zukünftig Feedbackinstrumente zur Verfügung gestellt werden, die eine unmittelbar interaktive Einstellbarkeit der Datenbank oder eine phasenweise Anpassung an den Nutzerbedarf ermöglichen. Die phasenweise Anpassung kann auch inhaltliche Prioritätensetzungen berücksichtigen, indem die Informationsstelle Daten entsprechend dem Informationsbedarf gezielt ergänzt. Forschungsdossiers beruhen vorwiegend auf Informationen, die im Internet vorliegen und zum großen Teil schon in Datenbanken erfasst sind. Ihre Zusammenstellung und textliche Einbettung soll zukünftig in enger Zusammenarbeit mit der Forschung optimiert und durch eigens erstellte Informationsmodule zu methodischen Fragen oder mit verfügbaren Rohdaten und Statistiken ergänzt werden.

Solche Datensammlungen können gezielt für bestimmte Forschungsphasen wie die Abgrenzung des Forschungsthemas, die Konzeptbildung, die Methodenauswahl oder die Publikationsphase zusammengestellt werden. Informationelle Hilfestellung ist darüber hinaus denkbar bei der Ermittlung geeigneter Kooperationspartner oder passender Fördermöglichkeiten.

Die „e-Science-Initiative" des Bundes[40] hat in ihrer soeben abgeschlossenen ersten Phase eine ganze Reihe von Projekten auf den Weg gebracht, die die virtuelle Optimierung wissenschaftlicher Arbeit vorantreiben sollen. Portale werden neue Typen von Datensammlungen und -präsentationen enthalten, wie sie beispielsweise ontologiebasierte Wissens- und Kooperationssysteme (vgl. z.B. Knorz/ Rein 2005) darstellen. Im Gegensatz zu Schlagwort-Suchsystemen der gegenwärtigen Fachinformation bieten ontologie-basierte Systeme für ein klar umgrenztes Themengebiet eine Orientierungsstruktur, die auf konkreten Objekten (und nicht nur auf Begriffen) beruht. Die Suche in diesen Systemen soll für den Laien intuitiver werden, und das Ergebnis wird unmittelbarer erreicht.

---

40 Die Initiative des BMBF zielt auf eine „innovative Infrastruktur für verteiltes, kooperatives wissenschaftliches Arbeiten in Kommunikationsnetzen und eine leistungsfähige Informationsversorgung". Detailinformationen sind über die Website des „e-Science-Forums" einzusehen: http://www.e-science-forum.de/

Auch für den Gegenstandsbereich der Erziehungswissenschaft sind Projekte, die diese Ziele anvisieren, in Vorbereitung und teilweise auch schon bewilligt. Das DIPF hat im Rahmen des WGL[41]-Pakts für Forschung und Innovation ein Projekt beantragt, das eine virtuelle Umgebung für die Erziehungswissenschaft erproben wird, die die Integration und Nutzung von Informationsressourcen und die kooperative Weiterverarbeitung im fachwissenschaftlichen Kontext ermöglicht. Darüber hinaus wurden zwei kleinere Dissertationsprojekte, die die oben beschriebenen Innovationsansätze stützen, ausgeschrieben.

Seit Anfang des Jahres existiert am DIPF die Arbeitsstelle *Internationalisierung der empirischen Bildungsforschung*, die einen umfassenden Beratungsservice für größere, im internationalen Rahmen operierende Projekte der empirischen Bildungsforschung entwickeln soll. Die Arbeitsstelle wird ihr Dienstleistungsangebot über ein Unterportal des *Fachportals Pädagogik* öffentlich zugänglich machen und dabei die skizzierten Facetten neuer Fachinformation erproben.

Der Erfolg dieser Bemühungen um eine neue Qualität der forschungsbezogenen Fachinformation wird in entscheidendem Maße davon abhängen, ob es gelingt, die Beförderung von Dienstleistungen und Forschung als wechselseitigen Prozess zu gestalten.

Literatur

Andermann, H. (2004): Initiativen zur Reformierung des Systems wissenschaftlicher Kommunikation. In: R. Kuhlen, T. Seeger, D. Strauch (Hrsg.): Grundlagen der praktischen Information und Dokumentation, 5., völlig neu gefasste Ausgabe. München: Saur, 561-566.

Bundesministerium für Bildung und Forschung/BMBF (1991): Fachinformationsprogramm der Bundesregierung 1990-1994. Bonn: BMBF.

Bundesministerium für Bildung und Forschung/BMBF (1996): Information als Rohstoff für Innovation. Programm der Bundesregierung 1996-2000. Bonn: BMBF.

Bundesministerium für Bildung und Forschung/BMBF (2002): Information vernetzen – Wissen aktivieren. Strategisches Positionspapier. Bonn: BMBF.

Bundesministerium für Bildung und Forschung/BMBF (2003): Informationsgesellschaft Deutschland 2006. Aktionsprogramm der Bundesregierung. Stand Dezember 2003. Bonn: BMBF.

---

41 Die Wissenschaftsgemeinschaft Gottfried-Wilhelm-Leibniz kann einen Teil ihres Budgets für die Förderung von Projekten einsetzen, die von einer Evaluierungskommission als exzellent klassifiziert werden.

Deutsche Forschungsgemeinschaft/DFG (Hrsg.) (2005): Publikationsstrategien im Wandel? Ergebnisse einer Umfrage zum Publikations- und Rezeptionsverhalten unter besonderer Berücksichtigung von Open Access. Weinheim: Wiley-VCH Verlag. Online zugänglich unter: http://www.dfg.de/dfg_im_profil/zahlen_und_fakten/statistisches_berichtswesen/open_access/download/oa_ber_dt.pdf

Knorz, G./Rein, B. (2005): Semantische Suche in einer Hochschul-Ontologie. In: Information: Wissenschaft und Praxis, 56. Jg., 281-290.

Rösch, H. (2001) Portale in Internet, Betrieb und Wissenschaft. Marktplatz und Instrument des Kommunikations- und Wissensmanagements. In: B.I.T. online, H. 3, 237-248.

Schwens, U./Liegmann, H. (2004): Langzeitarchivierung digitaler Ressourcen. In: R. Kuhlen, T. Seeger, D. Strauch (Hrsg.): Grundlagen der praktischen Information und Dokumentation, 5., völlig neu gefasste Ausgabe. München: Saur, 567-570.

Seeger, T. (2004): Entwicklung der Fachinformation und Kommunikation. In: R. Kuhlen, T. Seeger, D. Strauch (Hrsg.): Grundlagen der praktischen Information und Dokumentation, 5., völlig neu gefasste Ausgabe. München: Saur, 21-36.

Van Raan, A. (2005): Fatal attraction: Conceptual and methodological problems in the ranking of universities by bibliometric methods. Scientometrics, Vol. 62, No 1, 133-143.

Weingart, P. (2005), Impact of bibliometrics upon the science system: Inadvertent consequences? Scientometrics, Vol. 62, No 1, 117-131.

Wigger, L. (1995): Systematische Enttäuschungen. In: Information im Bildungswesen – Zugriff, Verfügbarkeit und Qualität. 3. GIB-Fachtagung, 22.-23. November 1995 in Soest. Berlin: GIB, 49-62.

Verzeichnis der Autoren
(in der Reihenfolge der Beiträge)

Prof. Dr. Hans Merkens
Vorsitzender der DGfE
Freie Universität Berlin
Fachbereich Erziehungswissenschaft und Psychologie
Arbeitsbereich Empirische Erziehungswissenschaft
Fabeckstraße 13
D-14195 Berlin

Dr. Cathleen Grunert/Susann Rasch
Martin-Luther-Universität Halle/Wittenberg
Institut für Pädagogik
Franckeplatz 1, Haus 3
D-06099 Halle

Prof. Rosalind M. O. Pritchard
University of Ulster
Cromore Road
Coleraine, BT521SA
United Kingdom

Prof. Dr. Margret Kraul
Georg-August-Universität Göttingen
Sozialwissenschaftliche Fakultät
Pädagogisches Seminar
Baurat-Gerber-Str. 4-6
D-37073 Göttingen

Prof. Dr. Rudolf Tippelt/Dr. Bernhard Schmidt
Ludwig-Maximilians-Universität München
Institut für Pädagogik
Lehrstuhl für Allgemeine Pädagogik und Bildungsforschung
Leopoldstr. 13
D-80802 München

Prof. Dr. Peter Faulstich
Universität Hamburg
Lehrstuhl für Erwachsenenbildung und Weiterbildung
Joseph-Carlebach-Platz 1
D-20146 Hamburg

Dr. Gernot Graeßner
Universität Bielefeld
Fakultät für Pädagogik
AG Weiterbildung, Bildungsmanagement
Universitätsstr. 25
D-33615 Bielefeld

Katrin Kaufmann
Freie Universität Berlin
Fachbereich Erziehungswissenschaft und Psychologie
Arbeitsbereich Empirische Erziehungswissenschaft
Fabeckstraße 13
D-14195 Berlin

Alexander Botte
Deutsches Institut für Internationale
Pädagogische Forschung (DIPF)
Schloss-Straße 29
D-60486 Frankfurt/Main

If you have any concerns about our products,
you can contact us on
ProductSafety@springernature.com

In case Publisher is established outside the EU,
the EU authorized representative is:
Springer Nature Customer Service Center GmbH
Europaplatz 3, 69115 Heidelberg, Germany

Printed by Libri Plureos GmbH
in Hamburg, Germany